笠井賢一＝編

芸の心

野村四郎
山本東次郎

能狂言
終わりなき道

藤原書店

対談第一夜

（2017 年 3 月 28 日　於・杉並能楽堂　撮影・藤原書店編集部）

「比丘貞」　シテ・山本東次郎
（2014 年 5 月 11 日　於・国立能楽堂　撮影・神田佳明）

「檜垣」　シテ・野村四郎

（2013 年 12 月 21 日　於・横浜能楽堂　撮影・鈴木薫）

「三番三」揉ノ段　シテ・山本東次郎
（2010 年 12 月 4 日　於・国立能楽堂　撮影・神田佳明）

「翁」　シテ・野村四郎
（2014 年 1 月 4 日　於・大槻能楽堂　撮影・鈴木薫）

「素袍落」　シテ・山本東次郎
（2009 年 9 月 28 日　於・杉並能楽堂　撮影・神田佳明）

お二人が、これまでに能の「三老女」、狂言の「三老曲」をすべて披演されていることも、具体的にお話しいただくよう努めた。
　現在、能と狂言の最高の芸位にあるお二人の、年輪を重ねたことによる豊かさ、闊達な表現は稀有なものだが、同時に、伝統の見直しや新作にも精力的に取り組まれ、その終わることのない意欲的な仕事も大きな魅力となっている。そうした尽きせぬ創造性、新しい作品に向き合い続ける精神の軌跡をも語っていただいた。

　本書で語られているように、お二人とも、幼少期からの非常に厳しい修行を経て今日がある。稽古や舞台のあり方が時代と共に変化していく中で、お二人だからこそ語ることができる修行の過程や、そこから体得された芸の核心は、次世代への貴重な証言となる。
　本書を通じて、能狂言の果てることのない奥深さと、その道を辿る厳しさ、そしてそこから生み出される芸の魅力の一端を読者諸氏に受け止めていただき、能楽堂に足を運ぶきっかけになることを念じている。

編集部

はじめに

本書は、名実ともに現在の能界と狂言界を代表する役者である、観世流シテ方野村四郎師と大蔵流狂言方山本東次郎師のお二人が、三夜にわたって語り合った対話の記録である。

野村四郎師は、和泉流狂言方の野村万蔵家の四男として父の厳しい稽古を受け、十五歳までは狂言の舞台に立ったが、同年、観世流宗家観世元正師の門に入り、内弟子修行を経て、能楽シテ方として芸を確立する。以後、東京藝術大学で教鞭をとるなど、多くの後進を育ててきた。山本東次郎師は、幼年期から父の三世東次郎師の厳しい稽古を受けて芸の道を歩み、現在は大蔵流山本家の頭領として、一門の教育、育成に携わっている。

第一夜は東次郎師の杉並能楽堂、第二夜は藤原書店催合庵、第三夜は四郎師の属する銕仙会の舞台（東京・青山）でお話をうかがった。

最初に、父親からの稽古をはじめとする自己形成期のこと、そしておよそ節目となる『道成寺』や『釣狐』を披《ひら》かれるまでに焦点をあて、お話を始めていただいた。また、傘寿を迎えた

対談第二夜

（2017 年 4 月 4 日　於・藤原書店催合庵　撮影・藤原書店編集部）

「砧梓之出」　シテ・野村四郎（左）　ツレ・馬野正基
（2014 年 10 月 23 日　於・宝生能楽堂　撮影・鈴木薫）

芸の心　目次

第三夜

二〇一七年四月五日
於 銕仙会能楽研修所

＊本文中、太字にしたものは、「舞台作品解説」に説明を附した。

芸の心

能狂言　終わりなき道

藤原良雄

聞き手＝笠井賢一

語　注＝笠井賢一

第一夜

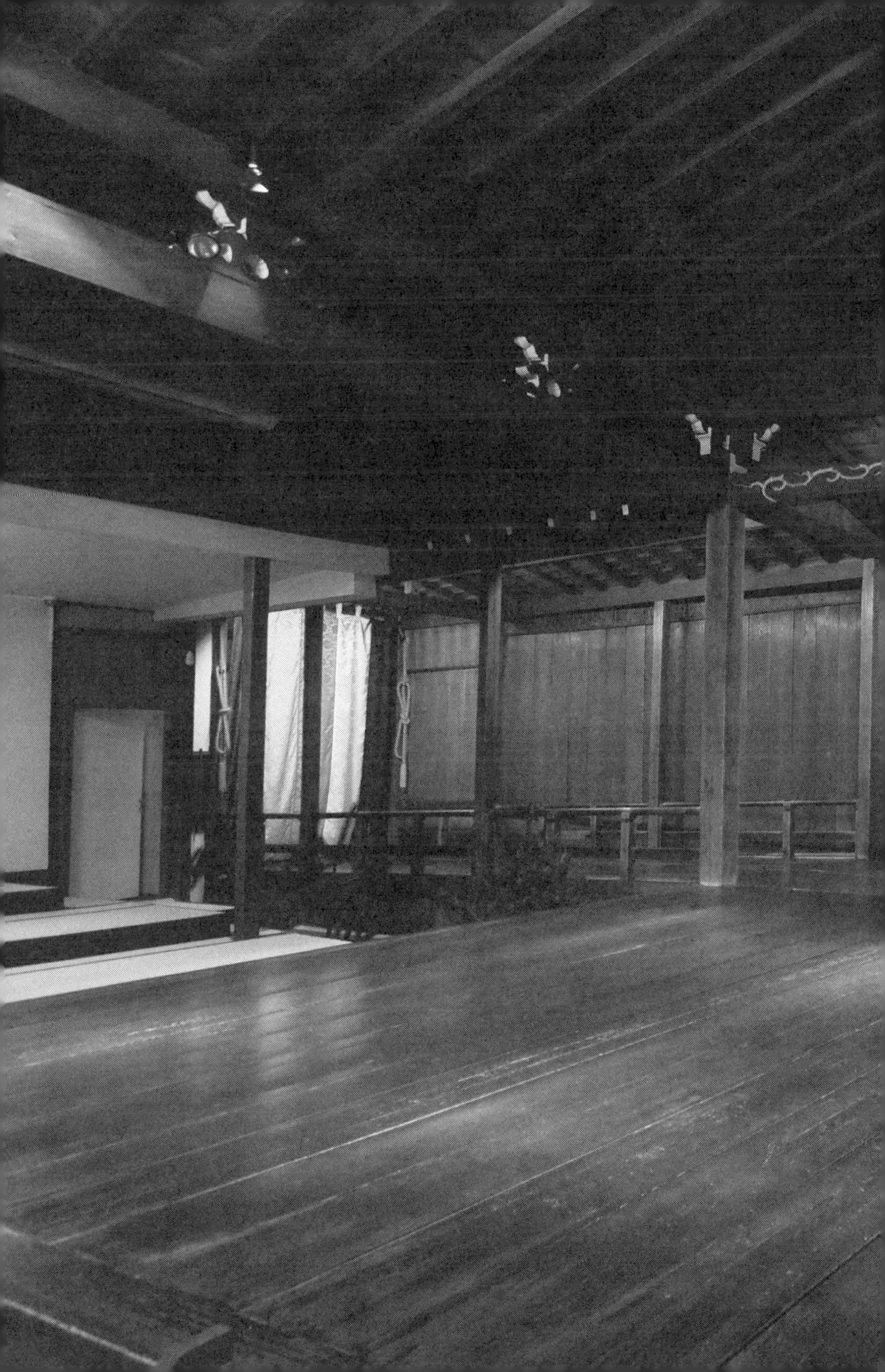

二〇一七年三月二十八日
於　杉並能楽堂

杉並能楽堂　明治四十三年文京区本郷弓町に建った能舞台「山本舞台」は、二世東次郎の素人弟子で東京渡辺銀行の渡辺勝三郎が東次郎のために出資して建てた。昭和二年の取り付け騒ぎで東京渡辺銀行の経営が破綻し、舞台の建っている土地も差し押さえになるが、舞台だけは東次郎の名義になっていたので、昭和四年杉並区和田の現在の地に移転して再建した。舞台は江戸城の能舞台図をもとに建てられ、鏡板も江戸城で使われた下絵をもとに描かれたと伝えられている。昭和二十七年に財団法人杉並能楽堂となる（現在は一般財団法人）。

野村　今日は久しぶりにこちらの杉並能楽堂に伺いました。戦後七十年以上、最初に建築されてからは百年を超えてます。それを維持、運営されてるのですからこれは並大抵のことではありません。それで開口一番「維持、運営は大変ですね」と申し上げました。前から思っていました。やはりそれだけの年輪、風格があります。舞台がただ古いからということだけではなく、なによりも厳しい道場であったということが感じられます。舞台を見ているだけでも畏敬の念がおきてきます。大体これだけの舞台を持つということは大変なことでした。

我々とまるっきり違っています。私の家は舞台といっても、稽古の板の間でして、我々はそういうところで稽古をうけました。この舞台というのは、自分の修行が足りてない者には恐れ多くて上がれないと感じさせますね。おまえはまだ早いと。板も昔と全然変わってないですね。

山本　はい。舞台そのものはすべて建てられた時のままです。東日本大震災のあと、この舞台が大地震に耐えられるのか非常に心配でした。そんな時、幸運にも気に掛けてくださる方がいらしたんです。年に二度発表会に使って下さる「東大観世OB会」という団体がありまして、そのメンバーの中に地震工学がご専門の小長井一男先生がおいでになったのです。それで木造建築がご専門の東大の腰原幹雄先生に声をかけてくださって、きちっと調査をしてくださった。それでこのままでは危ないということで能楽堂全体の耐震工事をいたしました。「東大観世OB会」の方々には会長の高浜龍彦先生はじめ、寄付金集めのことなどでもたいへんお世話になりました。あの時は、この舞台でいつも狂言をご覧下さっているお客様方が大勢、舞台のために寄付をしてくださって耐震工事ができたんです。ほんとうに有難かったです。

野村　やはり私たちの舞台を常日頃から観て下さっている観客の皆様の支えが大切ですね。この舞台は実にいい鏡板ですね。幹の中心がこれでいいです。今の松はだめなんです。必ず幹は中心より左に外すのです。これが正しい姿です。この橋掛リと本舞台とのバランスが、幹が左に寄っているといい均衡になるんです。

山本　描いたのは狩野派の正木白羊という人で、祖父の弟子でした。芸に対する畏れがあるので、国立能楽堂の松みたいに目いっぱいには描かなかった。謙虚な松でしょう。

野村　実にいいものです。私も舞いたくなります。

稽古初め

山本　満四歳、数えの五歳の誕生日が初稽古でした。いつも遊んでいた舞台が、妙に改まった感じになったのを覚えています。新しい着物を着せられ、新しい袴、新しい足袋、新しい扇を持たされ、舞台に連れていかれて父から稽古を受けました。誕生日は五月五日なので鯉幟《こいのぼり》があがっていて、矢車がカラカラと回っていた、そんなこともはっきり覚えています。どこから日が漏れていまして、光の輪がぽん、ぽんと舞台の床に映っている。いつも遊んでるときは気がつかなかったことです。小舞《こまい》*1の「盃《さかずき》」を父に教えられるまま謡って舞わされ、それが初稽古でした。うちへ来る男性は素人でも玄人でも皆、舞台や狂言に関係しているので、世の中の人はみんなこんなことをやっているのだと思っていたわけです。それが幼稚園に行くようになって、「お謡が」とか「扇が」とか言っても誰も全然反応しない。「何、それ」って言われて。それで家に遊びにおいでよって誘って遊びに来ると、「何、これ」ってみんな言うわけですよ。

＊1　**小舞**　狂言の芸の基礎を作り上げる舞。狂言の中で舞われることも、独立した舞として舞われることもある。

それで「ひょっとしたら僕はとんでもない変わったことをやってるんだろうか」と初めて思ったんです。

子供の頃から大人たちの稽古を見てますから、門前の小僧みたいなもので、知らず知らずのうちに頭に入っていて、扇も当たり前に開いたり閉じたりできる。お素人の稽古ですと扇を開くことから始めないといけない、うっかりすると壊しちゃったりするわけですから。でも習うまでもなくそんなことも当たり前にできるわけです。

稽古を始めて、「盃」「土車《つちぐるま》」「雪山」など数曲の小舞を父は丁寧に教えてくれて、それからだんだんに『伊呂波《いろは》』『痿痺《しびり》』、と狂言の稽古をやるようになりましたが、その頃は素直にやっていて何の苦労もなかったです。舞台も子方や子供狂言のシテを何番か勤めるようになりました。昭和十六年から十八年くらいですね。

だんだん戦争が激しくなってきて、昭和十九年の十一月の末ぐらいじゃないですかね、東京に初めて敵機がやってきたのは。ぼんやり空を見てたら、向こうから異様なものが飛んできて、まだ空襲じゃなかったですけれども。それから間もなく爆撃があるようになって。忘れもしないのは十二月三日です。観世会[＊2]で『蟹山伏』の役がついていて、大曲《おおまがり》の舞台[＊3]へ行ったら、あそこは当時午前十時始めだったと思いますが、警戒警報が出て中止ということで、すぐ帰ろうということになったんですが、飯田橋の細川家の舞台[＊4]で金春会《こんぱる》[＊5]をやっていて、父はそちらに出ていたのでそこまで行こうと内弟子の中島[*6]に連れられて歩いて行きました。金春会は空襲警報のひとつ前の警戒警報なら演能する決まりで、本田秀男[*7]先生と野村保[*8]先生が装束や面の用意をしていらしたのですが、空襲警報のサイレンが鳴って、中止になってしまいました。

それで父とすぐに電車に乗って帰ろうとしたんですが、もう混乱してすごいんですよ。飯田橋で乗ったのに新宿で電車が動かなくなって降ろされてしまいました。今の西新宿の高層ビル街はその頃は原っぱで、代々木の練兵場に続いていて、電車を降りた途端に向こうからB29が銀翼を光らせて飛んでくるんです。それを代々木の練兵場から高射砲で撃っていく。その爆破した破片が落ちてくる。父は私をインバネスの下に入れて守ってくれて、二人でトラックの陰

＊2 **観世会** 観世流の宗家が主宰する一門の定期的な公演会の名称。

＊3 **大曲の舞台** 大曲はいまの新宿区新小川町あたりの通称で大曲交差点がある。ここに明治三十三（一九〇〇）年から昭和四十七（一九七二）年に松濤に移転するまで観世能楽堂があった。

＊4 **飯田橋の細川家の舞台** 飯田橋の富士見坂にあった細川家の能舞台で、第二次世界大戦の空襲で罹災した。

＊5 **金春会** 金春流の宗家が主宰する一門の定期的な公演会の名称。

＊6 **中島登**（一九二八―） 大蔵流狂言方。三世山本東次郎に師事。

＊7 **本田秀男**（一八九九―一九六六） 金春流シテ方。桜間左陣、桜間弓川に師事。息子に光洋。

＊8 **野村保**（一八九八―一九七六） 金春流シテ方。桜間左陣、桜間弓川に師事。門下に梅村平史朗、桜間金記。

とか廃屋の陰とかを逃げ回りました。だけどその時はまるで冒険ごっこをしているような感じでこわいと思わなかった。むしろ結構楽しかったんです。四時近くなって夕闇が来るころに鍋屋横丁（中野区本町四丁目辺りの商店街）にいく都電が動き出したので、それに乗ってやっと無事に家にたどり着きました。

父は空襲がどんなに激しくなっても命がけで舞台を守る決意でいて、私を手元に置いて稽古する信念でいたんです。鮮明に記憶に残っているのは翌昭和二十年の二月、爆弾の落ちる中で父と二人で小舞「**景清**」の稽古をしたことです。その頃の空襲は大抵は焼夷弾（よく燃えるタール状の液体を詰めた缶で、これを落としてその衝撃で大規模火災を起こさせる）なんですけど、その日は爆弾でした。だからヒューッと落ちてくる音と爆発音、地響きがすごいんですよ。ところが、不思議に怖くなかったのです。父のすごい気迫、強いけれど優しくて大きな何かに包まれているような気持ちでした。その日は怒鳴ったりしなかったですね。「そこで止めて」、「そうだ」と一つ一つ丁寧に一緒に舞ってくれました。寒くて手はかじかむんですけど、そんなのちっとも苦にならず、随分長いことやっていたと思います。いつの間にか爆撃が鳴り止んでいて、静かになり、しばらくして稽古も終わりました。あのときの気持ちは忘れませんね。戦争の真っ最中なのに不思議に穏やかな安心感がありました。

後になって考えてみると多分、ここでもし爆弾が落ちてきて親子二人が舞台の上で死んだとしても、最後まで狂言を伝えようと稽古をしていたのなら、ご先祖様も許してくれると父は思っていたんだと思います。父は芸養子でしたから、己を犠牲にしても伝えるということを死ぬまで通した人でした。狂言の表現は、基礎は厳しく仕込まれますが、あとはその人その人がつくり上げる余地があります。それは能よりも大だと思うのです。けれど父はそれを敢えて一切、やらなかったんです。それは私たち子どものため、子どもたちに自分の個性的な芸を見せてはいけない、伝えるのは師、つまり二世東次郎から受け継いだ芸だということ。父が亡くなった後、思い出してみて、私はそういう結論に至ったし、父がそのことに徹していたことがわかってきました。

父の稽古は厳しかったですが、疎開先から帰ってくるまでは叩かれたことはほとんどないんです。丁寧に教えてくれて、こちらも素直に丁寧に受け取っていたらしい。で、「この子はできる」みたいなことを考えていたらしいので、いっそう一生懸命教えたのですね。それが三月十日の大空襲があって、これ以上手元に置いていたらほんとうに死なせてしまうと思って、疎開させることにしたのでしょう。茨城の筑波山のふもとに母の姉の家があって、割と生活に余裕のある家でした。姉の晁子《あさこ》と弟の則直《のりただ》と三人で疎開させられました。筑波ではすぐに友だちもできて田舎の生活が楽しくてたまらず、五カ月足らずですけど、大自然の中ですっかり解放されて遊び惚けてしまって、あとでたいへんなことになりました。九月には東京に呼び返されたのですが、帰ってきて何日かして稽古になり、父から、「あれやれ、これやれ」と言われても何も覚えてないんです。それでこれはたいへんなことになったと思ったらしくて、それからはもう地獄の特訓になりました。それからです、叩かれるような厳しい稽古になったのは。怒られるのが嫌だから、だんだん逃げますよ、心が。すると本気になるまで叩くんですよ。そのことに五年生か六年生のときに気がついたんです。ぐっと集中すると稽古も短いし、怒られないし、しかも自分で覚えるのも早くなることに気づきました。それに気づかない間はほんとうに地獄でした。

野村　それに気づいたから、今がある。それは大体そうなんです。逃げていくんですよ、自分が。親の顔を見たくなくなるんですよ。かばん置いたらどこかへすっと消えたくなるんです。これになっちゃだめなんです。

私は狂言の家から能の世界に十五で入って、それはさんざん辛酸をなめましたが、なんとか最後踏みとどまって逃げなかったから、今日があるわけで。逃げたらおしまいだと思ったから。逃げたら、もう自分が落ちる。

山本　狂言の家を出てシテ方になったときには、もう背水の陣ですよね。

野村　そうです。

山本　逃げられないですよね。もう、前に行くしかない。

野村　「棒縛《ぼうしばり》」です。縛られてます。兄弟もいますし、親もいますからね。おまえの弟は途中でもって逃げ出したとかって後ろ指差されるようなことがあったら、それこそ親にも面目ないし、兄貴たちにも恥かかせてしまう、そんなことになってしまってはいけないと、肉親への思いというのはすごく大きかったですね。もし親・兄弟が違う仕事してたら、もたなかったんじゃないですかね。

山本　それにやっぱり観世寿夫《かんぜひさお》[*9]さんという方が目標にいらしたことは支えでしたでしょう。

野村　はい、あのかたの影響は大きいですよ。多摩川園の能舞台（一三一頁参照）のころから。

山本　ひたすら追っかける。

野村　結局は観世寿夫という人が何か我々の、知らず知らずに我々の心を動かしてきたじゃないですか。ですから、私は戦後の能界の救世主と言ってるんですよ。確かに救世主。お囃子方も、狂言もみんな、ワキもみんな、それから流儀を超えて、非常に影響を与えたということ

＊9　**観世寿夫**（一九二五―七八）　観世流シテ方。七世観世銕之丞（雅雪）の長男。弟に栄夫、静夫（八世銕之亟）。祖父華雪及び父に師事。一九五三年に流儀、役職を超えた同人組織「華の会」を結成して活動。一九六二年フランスに留学、ジャン＝ルイ・バローのもとで学ぶ。六七年にはイエイツの「鷹の井戸」による横道萬里雄作の新作能『鷹姫』の作曲・作舞、主演した。一九七〇年には新劇の俳優と「冥の会」を結成、新しい演劇の創造をめざしギリシャ劇から不条理劇の『ゴドーを待ちながら』など多彩な役を演じた。

では、彼なくして今の能はないのかもしれない。能ばかりじゃないですよ。影響を受けている人が、能以外の人たちにもいます。

今の東次郎さんの、お父さんからの厳しい稽古のお話を伺ってると、跡取りの教育は我々四男坊の教育とはまるっきり違います。やはり跡を継ぐ者、ここに継ぐ者ですよね。どこの家でも、口には出さないけれども、そういうものは当然知らず知らずに教育の中にあるんじゃないでしょうか。また、あってしかるべきだと思いますね。

狂言の家にいた頃

野村　私は子供のときのことはそんなに記憶がないんですけれども、もちろん狂言をやってました。戦災で焼ける前の水道橋の宝生会館能楽堂には何回か出てます。昭和二十年二月二十一日、宝生能楽堂での宝生流の定例公演に私は出ているんですよ。それは何年か前に、兄の萬[*10]が、その記念のパンフレットがある、おまえの名前出てるよって持ってきてくれたんです。『**魚説《うおせっ》法《ぼう》**』をやってます。能は野口兼資《のぐちかねすけ》[*11]先生の『**胡蝶**』と、前シテが宝生重英[*12]先生、後シテが武田喜男[*13]（光雲）先生の『**天鼓**』。先ほどの東次郎さんの空襲の中を逃げた話と重なるのですが、その番組には「御注意書きをよくご覧下さい」とあって「御注意　警報発令の場合は即時中止致し候あいだ左様御承知願い上げ候」と印刷されている、そんな時代でした。ほかにも番組が少し残ってます。

平成二十八年に銕仙会《てっせんかい》*14で『恋重荷《こいのおもに》』を演じたのですが、その時公開講座が企画されて「野村四郎に聞く」という一日がありました。戦争中の、私が狂言をやっていた頃のことを法政大学能楽研究所の宮本圭造教授が調べてくれて、昭和二十年四月の観世九皐《きゅうこう》会*15の番組も見つけ出してくれました。その公演は空襲で中止になっています。当時は印刷なんかできないから番組は

---

*10 **野村萬**（一九三〇―）　和泉流狂言方。六世野村万蔵の長男。父に師事。前名、四世万之丞、七世万蔵。弟に万作、四郎、万之介。華の会、冥の会同人、重要無形文化財各個認定（人間国宝）、日本芸術院会員、文化功労者。公益社団法人能楽協会理事長。公益社団法人日本芸能実演家団体協議会会長。

*11 **野口兼資**（一八七九―一九五三）　宝生流シテ方。十六世宝生流宗家・宝生九郎に師事。その存在感は圧倒的であった。日本芸術院会員。

*12 **宝生重英**（一九〇〇―七四）　宝生流シテ方。十六世宝生九郎に師事。十七世宗家。東京音楽学校教授。社団法人能楽協会理事長。日本芸術院会員。長男が十八世宗家英雄。

*13 **武田喜男（光雲）**（一八九五―一九七六）　宝生流シテ方。十六世宝生流宗家・宝生九郎に師事。養嗣子に喜永。

*14 **銕仙会**　観世流銕之丞家の主宰する定期的な公演会の名称。

*15 **観世九皐会**　観世銕之丞家分家観世喜之家の主宰する定期的な公演会の名称。

手書きです。能『田村』の付祝言《つけしゅうげん》[16]のところに「海ゆかば」[17]が書かれていて驚きました。番組に空襲になった場合の対処の仕方が書かれている、そういう時代に私も東次郎さんも育ってきた。

私は終戦の年の二月に狂言のシテを勤めた後に集団疎開になりました。これは過酷な体験でした。終戦の時はそこで栄養失調になって動けなくなっていました。ですから、玉音放送は聞いてません。具合が悪くて寝ていますし、ラジオがないのです。そういう最低の状況です。

戦後の復興とともに、我々は生きてきた。八十になって思い返してみると、その辛い体験が自分を鍛えてくれたと近ごろ思えるんですね。いかなる辛酸をなめても耐え忍ぶ。もうそんなのは日常茶飯事。三つ子の魂百までじゃないけども、今現在があるというのは、戦争で辛酸を体験したからこそ、と思うようになりました、洒落じゃありませんが。

山本　集団疎開というのは、人間関係がつらかったんじゃないですか。

野村　そうです、もう大変です。新潟県の南魚沼郡石打村。今お米の産地ですが、当時は本当に食べる物に事欠いて、畑に入って野菜もぎってすぐ食っちゃうとかもやりましたしね。そのかわり、学校教育の中で一丸となって、お互い助け合う精神はそのときにはあったと記憶してます。ですからその当時一緒に疎開した人間とはいまだに仲よしです。何か兄弟という感じがいたしますね。

戦後の混乱期というものが、ちょうど能楽の復興と相まって歩んできた、我々の尊敬している方々とともにです。先代東次郎さんは父と同学年で、よく存じ上げてますし、みんな明治の方の教育というのは、全て共通点があるように思います。

山本　子どもの頃、小学校高学年から大学生の頃まで毎朝学校に行く前に舞台を拭いていくのが決まりでした。なまけてあまり絞らないでぞうきんがぐちゃっとしたまま拭くと、その拭いたところにたまった水が凍っていくんですよ。昔は暖房もないし、家の建て付けも悪いし、いまより寒かったから、あれは結構つらかったです。

野村　いや、それは同様ですね。厳しいというのは、もうこれは当たり前のことでしたよね。子供のときから修行という感じなんですね。普通は何かある年齢に達してから修行という感じがするけれども、三歳にして修行の始まりみたいな。そんな稽古だったんじゃないでしょうか。要するに行というのはやっぱり精神を鍛える――芸だけ鍛えるんじゃなくて、精神を鍛えるところに意味がある。

＊16　**付祝言**　一日の能の上演の最後に、祝言性の強い目出度い内容の謡を短く地謡が謡うこと。能『高砂』の「千秋楽は民を撫で、万歳楽には命を延ぶ、相生の松風、颯々の声ぞ楽しむ、颯々の声ぞ楽しむ」や、能『猩々』の「尽きせぬ宿こそめでたけれ」などが謡われる。

＊17　**「海ゆかば」**　大伴家持の長歌の一部「海行かば　水漬く屍　山行かば　草生す屍　大君の辺にこそ死なめ　かへりみはせじ」に信時潔が昭和十二年に作曲した軍歌。戦争末期には玉砕を知らせる大本営発表の折に流された。これを能の付祝言として謡うということが時代を感じさせる。

狂言の家から能シテ方の内弟子に

野村　狂言と能は表裏一体で、大概、狂言と能とは同時に上演されてます。我が家はどちらかというと宝生流に狂言として出演することが多かったのです。宝生流の能を観ているうちに、だんだん、やっぱり性格的なことがありますね。子供のころから、映画でもラブロマンスが好きでした。それから音楽映画が好きでして、どちらかというと軟派でした。学生時代、普通だったら西部劇が好きだとかいう頃、私はちょっと違うタイプでしたね。そんなこともあって能の方に行きたくなったのです。やはり四男ということもありました。

山本　それは能の方が子供心に格好いいですしね、綺麗なことをやってるでしょう。私もやってみたいという気持ちはなくはなかったですね。

野村　父の万蔵に「能をやりたい」と言いました。父は「俺は知らん」と言って、本当に知らんかなと思っていたら、ちゃんと心配してくれていて、裏では「四郎がこう言ってるんだけども」と言って随分いろんな方にお話をし、相談をしてくれたようでした。十五歳まで狂言をやりましたが、そこで親元を離れ、昭和二十七年の二月、十五歳で二十五世観世流宗家元正《もとまさ》師に入門しました。

ご宗家はたいへんお忙しい方ですから、なかなかお稽古の時間がない。勿論、お役の付いたときには教えてくださいますし、先輩の関根祥六[*18]さんが色々教えてくれましたが、何せこちらが能の下地がないのですから教える方も大変だったと思います。こちらも見よう見まねで身につけるしかない。子供の頃の狂言の稽古は父親からの口移し、鸚鵡《おうむ》返しで教わるのですが、どんなに厳しくても教わる方が楽だとこの時気がつきました。芸は盗むものだとも言いますが、盗む手立てがあればいいですけど、私のように、盗む手立てもないのに盗まなきゃいけない、これはしんどいです。いくら厳しくても教えてもらった方がいいですよ。

山本　盗むって話はよく聞きます。ですけれども、こちらは盗むどころの話ではなくて、もう何から何まで徹底的な教えなんですよ。もう箸の上げ下ろしから、ふだんの立ち居から着物の着方から袴のたたみ方から何から何まで全部ですもん。上の空で袴たたんでいようものなら、もっと真剣に心を込めてたためって怒鳴られる。何でこんなものをたたむのにそうまでしなくちゃならないんだと思ったんですけど、それがいろんなところにつきまとってくるんだって。どんなことでも上の空でやってはだめだって言うんですね。

＊18　**関根祥六**（一九三〇―二〇一七）　観世流シテ方。二十五世観世流宗家・観世左近に師事。観世流の重鎮。平成二十八年には二十六世観世流宗家・観世清和より雪号を授与され、祥雪となる。紫綬褒章受章。日本芸術院賞受賞。

野村　そのとおりですよ。
山本　「死ぬ気で袴をたため」と。
野村　それが、装束につながりますからね。
山本　はい、結局そうなのです。
野村　楽屋の立ち居振る舞いが結局舞台のそれにつながってくる。ふと油断しているとふだんが出てしまう。だからやはり、この四角い舞台にふさわしい立ち居振る舞いを身につけるというところが、大変なんですね。時間がかかるのです。頭で覚えるんじゃないのですから。自然にできるということでしょう。
山本　楽屋は舞台の一部でしたよね。今の楽屋ではもう完全に緩んでいるというか、緊張感がないですね。楽屋入りの服装も随分違ってしまいました。宝生閑《かん》[*19]さんのお祖父さんの宝生新《あらた》[*20]先生ぐらいになると着流しでもお入りになれますが、普通の人は袴着けなきゃ楽屋に入ってはいけなかったですよね。お年寄りは袴を履いているとトイレだって大変だし、重かったりして、足に絡むので着流しになってらっしゃるけど、それは特別のことだったんです。
野村　洋服着て楽屋入りした人は、橋岡久太郎[*21]さんが初めてだって聞いたことがあります。
山本　服装だけではなく、精神もそうだし、さっきおっしゃった立ち居振る舞いから物の扱い、面《おもて》の扱いは勿論のこと、小道具や装束に対しての心の込め方、父は平素からもそんなことを私に訓練してたんです。

野村　やはり楽屋の厳しさというのは独特ですね。昔は大きな声を出す人なんか誰もいません。ふと思い出しましたけど、昔「ありがとうございました」と言って、舞台で終わって挨拶すると、「御首尾《ごしゅび》よう」という言葉を使ってた。「首尾よう」という言葉を使って。それは東次郎さんはご存じですよね。今はこの言葉は使いません。

山本　今は、出る前に「御首尾よう」って言う方がいます。うまくやってこいということでしょう。違うんですよ。以前は終わった演者にいう挨拶でした。

野村　私が装束のことをいろいろ細かに任されてやったのは、それは狂言の家にいたからで楽屋での仕事でいえば四郎さんは、装束のこと、とても詳しいし、付け方が巧いんです。

＊19　**宝生閑**（一九三四―二〇一六）　下掛宝生流ワキ方。十二世宗家。宝生弥一の長男。祖父宝生新、父弥一に師事。ワキ方を代表する存在として多くの人材を育てる。重要無形文化財各個認定（人間国宝）、日本芸術院会員、文化功労者。

＊20　**宝生新**（一八七〇―一九四四）　下掛宝生流ワキ方。十世宗家。九世宝生金五郎の長男。金五郎は兄の八世新朔の養嗣子となる。新朔および父に師事。夏目漱石に謡を教えた。帝国芸術院（現、日本芸術院）会員。

＊21　**橋岡久太郎**（一八八四―一九六三）　観世流シテ方。橋岡雅雪、二十三世観世流宗家・観世清廉に師事。日本芸術院会員。息子に久馬、慈観。

す。狂言の装束は麻物が多いので、子供のころから麻物をたたんでましたからね、麻の扱いは慣れていました。たたむときは片一方持ってね、それで霧吹いたりなんかもするわけですからね。そういうのを子供のころからやってましたから、自然とそういうのは身に付いていました。だから楽しんでやれたし、楽しいというか興味がありました。

山本　下地があるわけですからね。外から来た人たちのように、一から覚えるんじゃないという。

野村　そうです。装束付けは役者の前と後ろに人が付いて二人で付けます。前は装束のすべてが理解できているしっかりした人で、後ろは見習い、子供でもできます。だから子供のときから、後ろでの手伝いはしていました。そうすると、自然と手が装束の質感を覚えて扱いやすくなるのです。装束の扱いは一家みんなでやっていました。うちの母は、出来る物はみんな自分でつくりました。山伏が使う兜巾《ときん》だって鈴懸《すずかけ》だって、昔はみんな手製でしたよね。

山本　四郎さんの装束付けは本当にお上手です。胴帯（装束の着付類〔熨斗目、唐織、厚板等〕を締める帯紐）は五センチくらいの幅なんですけど、その高さ一本分が違ったって、見た目が全然違ってくるんですから。その人その人のいちばんいい形に付けられる。私は四郎さんが装束を付けているところから盗ませていただいています。充分にできてはいませんけども。たとえば子方に付ける時はちょっと胸高にするとかわいらしくなるんですよね。いろいろな工夫があるんです。四郎さんは、装束を付ける人の体型をぱっと見て、この人にはどういうふうに付けたらいいかということが瞬時に判断出来て、的確にお付けになる。

野村　その人がいい形になるように付けるのです。そのために一瞬にして集中して考えをめぐらし手が動く。

山本　父がいた頃は、ちょっと上の空で付けていると「ばかやろう、違うだろ」ってぶったたかれたことがあります。装束をつけるのも真剣。

野村　その厳しさというのは、その家々の、伝統が代々ちゃんと息づいてるんですね。ただ一人、二人がそうやってるんじゃない。家の伝統みたいなものがあるのです。山本東次郎家の教えはすばらしいです。

山本　いや、それぞれのお家が張り合って競い合って、伝統をつくってましたでしょう。だから家の子でばかなことをする人間というのをすごく嫌って、それをさせないために日ごろからの教えがあるのです。

観世寿夫さんのこと

野村　私は観世寿夫さんに非常に憧れておりました。当時は寿夫というともう憧れですからお囃子方だって、狂言方だって、何かというと寿夫さんのところにみんな寄ってきて、そこが一つの縁になっていろんな方と交流ができました。直接お稽古して頂くようになったのは書生に入ってからで、それも先輩の関根祥六さんが独立されて、書生が私一人になってからです。寿夫さんが「いつでもおいで。待ってるよ。電話くれりゃいい」と言ってくださって伺うようになりました。私はご宗家の観世元正師に入門したわけですから、稽古は内緒です。

今考えると笑い話のようですけど、ご宗家におやすみなさいと言ってご挨拶して、布団を持ち上げてふくらませて寝てるような格好にして、それから抜き足、差し足、忍び足で、まるで狂言のように、出ていきました。稽古は大概十一時ぐらいから始まって、十二時半ぐらいか、あるいは一時ぐらいまで。それから稽古が終わると、また一時間、お酒。お酒ということは、つまり芸談です。稽古だけではなかなか終わらない。お酒と芸談があって終わり。また、そこが貴重なんですよ。二十歳ぐらいの頃からですね。

山本　ともかく寿夫さんは面倒見がよかったですよね。それに私たちの次元まで下りてきて、コミュニケーションをとってくださるでしょう。

野村　舞台の後、私が袴たたんでると、待っていて下さるんです。一緒に飲みに行こうということなのです。人柄ですかね。時代もあるでしょうね。救世主ということで言えば、武智鉄《たけちてつ》二《じ》[*22]さんが、寿夫さんがまだ清寿《きよひさ》と名乗っていらしたころの『葵上《あおいのうえ》』を観て、これは観世流の救世主になるとおっしゃったと聞いたことがあります。それぐらい他の人と全然違う何かがありました。我々が観ていても教えをうけても、他の方々とはまったく違っていましたね。

山本 桜間弓川《さくらまきゅうせん》先生[*23]があるとき家にお帰りになって、息子の龍馬《たつま》さん[*24]（後の桜間金太郎師）に「西町[*25]にすごい子がいるぜ」と言ったんですって。その一言が龍馬さんの心にずんと突き刺さってね、もうすごく意識してたらしいですね。寿夫さんよりだいぶ年上なんですけど。寿夫さんのお通夜のときに私におっしゃったんですよ。「僕はね、親父に言われてからこの人のことがどうしても気になって」と。絶対に自分のことを褒めてくれない、あのおやじがあんなに褒めるのがうらやましかったし、何かちょっと憎らしいような思いもあった、とおっしゃっていました。

＊22 **武智鉄二**（一九一二―八八） 演出家・演劇評論家・映画監督。能楽、人形浄瑠璃、歌舞伎の評論活動から、戦中は古典芸能を保護する断絃会を私財を投じて催した。戦後は「武智歌舞伎」や能狂言の役者とも流儀や役職を超えて、次々と新しい仕事を試みた。

＊23 **桜間弓川**（一八八九―一九五七） 金春流シテ方。本名金太郎、桜間左陣の次男。金春流を代表する能役者。能を初めてトーキーで撮った能『葵上』が残されている。日本芸術院会員。息子に龍馬（後に二世金太郎）。

＊24 **桜間龍馬**（一九一六―九一） 金春流シテ方。桜間弓川の長男。二世金太郎。

＊25 **西町** 下谷区西町。現在の上野東一丁目、二丁目あたり。大正十三年観世銕之丞家の舞台を落成。昭和二十年の二月に空襲で焼けるまで演能活動の拠点であった。

寿夫さんは会うたびにいつもちょっと何か言ってくださるんです。そうすると、父に習っていることと同じなんですけど、父だと反発があって、何でこんなにうるさいんだと思うんですが、寿夫さんから同じことを言われると、ああ、このことは大切なんだと、すごく思いました。

ある時、観世静夫[*26]さんの『鐘馗《しょうき》』の間語《あいがた》り[*27]に出ていたうちの弟子が、絶句——次の言葉を失念して台詞が止まったんですよ。父は掛け持ちで他の舞台に行ってしまって、最後までいてご挨拶してから帰れと言われていて、残っていたのは私だけだったんです。そうしたら寿夫さんは私に「後、付けな」って、その止まった言葉を陰から教えろと強く言うのです。「えっ、僕知らないもん」と言ったら、非常に厳しい声で「それはだめだよ、跡取りになる人はね、当日の番組は自分が勤めなくても、言葉全部、さらってらっしゃい」と。

　十二歳ぐらいだったでしょうか。一瞬、そんなばかな、できるわけないと思いましたけど、跡取りにはそれだけ責任があるという、その一言は効きました。

　寿夫さんの言ってることと父の言っていることは結局同じで、「きついことを逃げちゃいけない」ということですね。ぎりぎりのところまで自分を追い込んでいくということです。

　父は稽古で私が舞台に立ってるときに、本当に猫のように足音を立てずにいつの間にか後ろに回って、ぽんと腰を押すんです。そうするとふらつくんですよ。常にしっかり構えてると、そんなことをやられてもふらつかないんですが、気が入っていなくてふらつくと、ばしっとビンタが飛んでくる。それをのべつやられるのです。あるいは来るぞと思うから、後ろに体重をかける。そうすると、今度はぽんと後ろに引かれてバランスをくずしてしまう。そんな稽古をされるのが嫌だということをある時、寿夫さんに訴えたのです。そうしたら、「そんなの、能も狂言も一緒だよ、何もしないでいるところ、それが大事なんだ」って。そうすると、親から言われると反発があったものが、寿夫さんが言ってくださると素直に受け止められる。これってすごい大事なことなんだという裏づけをとったというかな、父の独断じゃなくて、やっぱり本当のことなんだと思いました。

野村　私の場合は、稽古始は狂言の稽古です。子供のときだったから、鸚鵡返しで稽古するわけです。三遍、四遍やって、それであとは続けて言葉を言うわけです。それの出来が悪いと、自然と三脚が伸びたように親父の手が出ることがありました。子供のころですから、そんなに

＊26　**観世静夫**（一九三一―二〇〇〇）　八世銕之亟静雪。七世銕之丞雅雪の四男。兄に寿夫、栄夫がいる。祖父華雪、父、兄寿夫に師事。栄夫が喜多流に転じた後は兄寿夫とともに銕仙会を支え、兄ともに華の会や冥の会の活動を共にする。寿夫が五十三歳で急逝した二年後八世銕之亟を襲名、新作能、復曲能も多く手掛ける。重要無形文化財各個認定（人間国宝）。著書『ようこそ能の世界へ』。

＊27　**間語り**　狂言方が勤めるアイが物語る語り。前場と後場をつなぎ、その曲の物語をわかりやすく語る「間語り」（「アイ語り」、「語りアイ」とも）と、戯曲的に直接かかわる、「会釈《あしらい》アイ」とに大きく分かれる。

年中やられてはいなかったでしょうけども、やっぱり長男の教育はさっきも言ったように相当厳しい。その違いは感じてましたね。「三番叟《さんばそう》」の稽古とか『釣狐《つりぎつね》』の稽古なんか、兄たちの稽古を私もずっと見てましたから知ってますけどもね、それは大変ですよ。裸みたいな格好でね。『釣狐』だってなんだって。それこそふんどし一丁とは言わないけども。

山本　真夏の稽古はね。

野村　みんなそうだったでしょう。

山本　はい。身体の線を見るためと。

野村　そうそう。

山本　格好悪いから、私はランニングとショートパンツだけは履かせてくれと言いましたけど。

野村　それと私の稽古始は観世流のシテ方に入門してもう一度あったわけです。それでいろいろ苦労しましたが、なかでも忘れられないのが、先ほど東次郎さんのお話にあった小舞の「景清」のことです。狂言を稽古していた時に小舞の謡として「景清」とか「道明寺《どうみょうじ》」とかを稽古して、その狂言の節が三つ子の魂に刻み付けられています。それが能とは似て非なるものなんです。能の「景清」や「道明寺」を謡うのに位も節も違っている。これには随分苦労しました。

山本　私の方も「道明寺」では忘れられない記憶があります。戦後すぐの昭和二十一年の暮れに、父に「道明寺」の小舞を二十回位、地謡のところも自分で謡いながら舞わされたことがあります。小舞の中で一番速いもので三回も舞えば息が上がってしまうくらい、走り回る曲です。父は私の子供の頃の稽古記録をつけてくれていたのですが、そこには父が「賞讃の声、自ずと耳に入るためか、少々気に緩みあり。**膏薬煉**《こうやくねり》二回とも倫士《つねお》*28にしてやられる。下腹、腰骨に重点を置き、稽古す。十二月四日道明寺の小舞を二十回舞わせる。少々苛酷なれ共、慢心の鼻を叩き、腰の力を養ふ為に」と書いています。ともかく父は慢心を絶対に許さなかったです。

野村 いや厳しい教育ですね。さっき出た楽屋のことも、楽屋の空気の厳しさが全く違ってきました。いま若者たちは、本当に日常そのままを持ってきます。わたしはそれで狂歌を創りました。「いにしえの楽屋粛々、今楽屋、スマホ片手にストレッチ」。

山本 楽屋でストレッチしているのがいっぱいいて驚きますよね。足が痛いからって。楽屋は舞台の前段階、そこではもう舞台が始まっているんだという意識がないし、緊張感がない、空気が緩んでしまっています。

---

*28 **倫士** 山本則直の本名。三世山本東次郎の次男。四世東次郎の弟。

能を論理的に改革した観世寿夫さん

野村　さっきの寿夫さんの話にもどりますと、寿夫さんというのはいろいろ今までの伝承とはちょっと違った形、あるいは今までの伝承をもう一つ具体的に、論理的に改革した人です。私はそう思います。その理論が、非常に理にかなってるんですね。それこそ、相対性理論です。そういう相対するものの、力の引っ張り合いみたいなものです。そういう世界を能の中に持ってこられた。アインシュタインまで言わないけど。構えとか運びというものを、そういう前後左右に引っ張られて、それから天と地に引っ張られる、その拮抗の中に立つということなので、その緊張感があるから一歩進むだけで宇宙に開けていくんだとか、そういうことを理論化、言葉にしました。明治生まれの名人たちは、それが出来て実践していましたが、言葉にしてはいなかった。それは、なかなか見よう見まねでは会得できないですね。観世寿夫という人はそれを具体的に、我々に何か明快に伝えてくださったんじゃないかな。そういう感じがしますね。そのかわり非常に論理的ですから、言葉がわからないとね。難しい言葉を使われました。そんな中でご自身の考えもどんどん変わっていきましたから、時には今日言ったことと明日言う言葉が違うということもありましたけどね。

山本　寿夫さんも六十になったらまた変わったかもしれない。その歳になったら、あの理論は言っちゃいけない、隠すべきだということがあったかもしれないですよね。

野村　それもあるかもしれませんね。それを感じたのはね、最後に退院されたあとに『通《みち》盛《もり》』をやられた。そのときの謡の謡い方、まるで観世華雪《かせつ》[*29]先生なんですよ。ですから当然その時に、いま言っておられた理論も変わってきてたんじゃないでしょうかね。

山本　父は明治生まれですから、理屈は言いませんでしたね。構えていると手の位置が高いとか低いとか、肘が落ちてるとか、力が入ってないとか。ただ立っているときにいかに緊張して、持続しているかということです。子供ですから、時々ちょっと緩むわけです。狂言は短いですけど、それでも三十分とかあるわけでしょう。その止まっているときに、きゅっと身体の奥に力を入れていないといけない。高い、低い、速い、遅い、軽い、重いと、そんなことばっかりで、叩かれなくなってくるとようやく、そこが正しい位置なんだというふうに身体が覚え

＊29　**観世華雪**（一八八四―一九五九）　観世流シテ方。六世鉄之丞。観世紅雪の長男。母は初世梅若実の姪、妻は初世実の娘。父、岳父初世実、義兄初世万三郎、六郎（二世実）に師事。大正期には「万・六・銕」と並び称せられ一時代を画した。養嗣子の弟織雄に七世銕之丞を襲名させ自らは華雪と号した。繊細で細身のある芸でありながら芯の強さと劇性を備えていた。日本芸術院会員。七世銕之丞の子供が寿夫、栄夫、静夫（八世銕之亟）。

てくるわけです。怒られなくなった時、やっと、できたのだなと思いました。そうやって身体で覚えたものは忘れないです。

野村　野口兼資先生の稽古も「速い、遅い」とかだったようですね。「位置が悪い」とか、そんなことばかり。なにかすごいことを言ってたられるかと思ったら、やっぱりそこから始まるんですね。

観世寿夫という人がどうして生まれたのだろうと思いますね。戦争をくぐり抜けて、戦後のヨーロッパの演劇もどんどん観る機会も多くなり、ジャン＝ルイ・バロー[*30]とかそういう人たちとの交流や、やっぱりいろいろ変化というか、戦後の新しい風潮というか、それに対して非常に敏感でもあった、ということもあるでしょうね。それと寿夫さん御自身がおっしゃっていたことは、「野口先生や華雪は『高い、低い』で稽古してああいう芸を創り上げたけど、これからの時代は、自分も含めてそうではない何かを切り拓いていかなきゃいけないんだ」という思いを持っていたように思います。

山本　寿夫さんは著作にも書いてらっしゃいますけど、おじいさまたちの頃は謡をうなるんだという言い方をされた、「それが大嫌いだ」と。そうじゃなくて、謡っているんだということを主張されましたよね。後になって義太夫節で一節で語るということの中に、その息の強さというのは認めないわけにはいかない、というようなことも言っていらっしゃいました。そういう意味ではものすごくいろんなことに神経質なまでに一つ一つ疑問を持って、それに自分で解答を見つけていらしたと思うんですね。
それから、例えばこれは後になってですけど、黒川能[*31]の立ち姿のように大地に根ざしたものとはいっても、重心を下に置くような構えは、能舞台の上では美しくなくなってしまうと。それもその結論に至るまでには随分悩まれたと思います。何というのかな、意味として大地に根をというのはわかるけども、演劇としては美にならないいんじゃないかとも考えておられたと思うんです。

野村 それは寿夫さんが装束付けの美意識を変えていったことにも繫がりますね。江戸時代は裾広がりの付け方だというふうに、物の本にも書いてあります。しかしだんだん足元が締まっ

＊30 **ジャン＝ルイ・バロー**（一九一〇—九四） フランスの俳優、演出家。代表的な演出はクローデルの『繻子の靴』の演出、映画では『天井桟敷の人々』のバチスト役。親日家で日本の能や文楽に親しみ理解した。観世寿夫を日仏交換留学生として受け入れた。一九六〇年、七七年、七九年と来日公演を催した。妻は女優のマドレーヌ・ルノー。

＊31 **黒川能** 山形県鶴岡市黒川地区に室町末ごろから伝えられている春日神社に奉仕する神事能。現在の能・狂言とは違う独自の様式をもつ。春日神社の氏子が上座と下座に分かれているのと同じに、能の座も上座と下座にわかれ競い合う。春日神社の王祇祭に奉仕するので神事と芸能が一体化しているところが貴重である。

たような、そういう格好に変化してきている。昔は末広がり。だから我々は袴を履いて、みんな裾が広がっているのが日本人の美意識だと。しかし寿夫さんはどちらかというと足が長く腰高で、西欧的な美的感覚があって、独自の構えを創り上げていきました。腰高といっても頭の方は天上に引っ張られ、腰から下は重力に引き寄せられているので、天を衝く爽快感がありながら、安定していましたね。

山本　古い時代、江戸の頃は、袴を着けるということは下半身をなるべく目立たなくするということがあったと思うんですよ。お尻とか膝とかの辺に色気が見えたりするのを隠す。唐《から》織《おり》*32をきちんと着ることはその先にあるより高い美意識、寿夫さんの場合はアキレス腱のところに唐織がぴたっとくっついてるんですよね。立っているときに、アキレス腱と唐織の隙間が空いている人がいます。あれ、気になるんですよ。それが寿夫さんの場合、ぴたっと綺麗にくっついていて、それを一時間なり一時間半なり持続される。たいへんなことです。

野村　とにかく、装束を付けてさしあげるでしょう、そうして舞台へ出ていかれますよね、帰ってきても同じ格好して、崩れてないからすごい。昔からいいますが、装束が崩れているということは、それはもう型が崩れてるのだとね。

山本　芸が未熟な証明だと。

野村　そういうことですね。寿夫さんの運びというのは、野口先生の影響を受けています。

たまたま雨の日、高橋進[*33]先生と傘差して歩いていた時のことです。そうしたら、こうおっしゃるんです。「宝生九郎[*34]先生と一緒にいて、はね上げるような歩き方してみろ、大変だよ、こつんとやられる。はねを上げるような歩き方するんじゃねえって、みんなそうして怒られた」。ああ、なるほどそうかと思いました。

山本　私は父にそう言われたんですよ。そのとき私は陸上競技やってたので、冗談じゃねえや、はね上げるぐらいじゃなきゃ走れないと思ってました。それを寿夫さんからも言われましたよ、「はね上げてるね」って。だから「それは知ってます。でも僕は今、陸上をやっているから、どうしたってはね上げちゃうんです」と言って抵抗したこともあります。

＊32　**唐織**　能の装束の最も手の込んだ豪華で美しい織模様の装束。もともとはその名のように先進国中国から輸入された貴重なものだったが、室町末期から安土桃山時代には京都の西陣で技術が発達し、日本で織れるようになった。

＊33　**高橋進**（一九〇二―八四）　宝生流シテ方。近藤乾三、十六世宝生流宗家・宝生九郎に師事。重要無形文化財各個認定（人間国宝）。息子に章、勇。

＊34　**宝生九郎**（一八三七―一九一七）　宝生流シテ方。十六世宗家。幼名石之助、実名知栄。十五世宝生弥五郎の次男。明治維新に会い一度は能を離れるが、能界に復帰し梅若実、桜間左陣と並び「明治の三名人」と呼ばれ、維新後の能の復興に尽力した。弟子から次世代を担う優れた能役者、松本長、野口兼資、近藤乾三、高橋進、田中幾之助、金春流の桜間弓川などの逸材を育てた。

その寿夫さんが運びを父のところに習いにいらしたことがありました。二十二、三歳だったと思います。夏の夕方で、ものすごい雷雨でした。玄関を開けたら、寿夫さんが白麻の着物に黒い袴を履いて、傘も持たずにずぶ濡れでまっ青な顔で立っていらっしゃるんですよ。あれは忘れられません。運びを習いにきたというのは口実で、自分の身の振り方のことでした。

その日は稽古日だったので結構人が大勢出入りしていたんですが、父はすぐに箝口令《かんこうれい》を敷いて、このことは絶対に誰にも言うなって。あの方の名誉のためということでしょう。寿夫さんが亡くなってずっと後のことですが、奥さんの関弘子[*35]さんとこの話をしていて、「もうそんな時代じゃないから話していいわよ」とお許しを頂いたので今お話ししているのですが。真夜中ぐらいまでずっと二人で話していました。初めのうちは気になって、お茶持って覗きに行ったりもしました。憧れの方がこんなふうにやって来るなんて、何が起こったんだろうと思いました。栄夫《ひでお》[*36]さんが喜多流へ出られた頃です。寿夫さんははっきりおっしゃったらしいですよ。観世流を出たいと。弟の栄夫は覚悟を決めた、自分も観世流を出たいとおっしゃったそうです。野口先生の芸風に憧れて、出ようと思うと。

父はそれを聞いて、それでは銕之丞家はどうするのですと、叱ったそうです。それで、「野口先生に芸を学ぶことはできるでしょう。観世流と宝生流ならそれはできるはずです」と諫めた。あなたは今のお立場でもちゃんとそれはできるはずだ、能の芸は個人でやるのと違う、野口先生になれるわけじゃないが、野口先生のような寿夫の芸を目指すことは出来るでしょう、と。それで三川泉[*37]さんや波吉信和[*38]さんと一緒に野口先生のところに稽古にいらしたらしい。当時は私は十二、三歳ですから、もちろんその時は何もわかりません。ずっと後になって父の晩年の頃、一緒に旅をしているときに教えてもらったことです。

*35 **関弘子**（一九二九―二〇〇八） ソプラノ歌手関種子の長女。劇団俳優座を経て劇団青年座創立メンバーとなる。女優として舞台、映像で活躍。民俗芸能に触発されて『わざおぎのふるさと』の公演を続ける。観世寿夫と結婚。「冥の会」を能・狂言・新劇の有志と結成、公演活動を続ける。近松門左衛門の原文による語りシリーズで紀伊國屋演劇賞受賞。

*36 **観世栄夫**（一九二七―二〇〇七） 観世流シテ方。俳優、演出家。七世観世銕之丞の次男、四九年、喜多流に転流、五八年、能楽界を離れ演出家・俳優として活躍。七九年、兄寿夫の死後銕仙会に復帰。芸術選奨文部大臣賞受賞。京都造形芸術大学教授。

*37 **三川泉**（一九二二―二〇一六） 宝生流シテ方。三川寿水の四男。十七世宝生流宗家・宝生九郎重英、野口兼資に師事。重要無形文化財各個認定（人間国宝）。

*38 **波吉信和**（一九一九―八八） 宝生流シテ方。波吉家は加賀の猿楽座の系譜で江戸期は金沢の宝生大夫を称した。祖父十一世波吉宮門（甚次郎）は明治に東京に移住、十六世宝生流宗家・宝生九郎の門下となった。信和は十二世波吉宮門（外次）の長男で十七世宝生流宗家・宝生重英に師事。外孫に宝生流宗家・波吉敏信。

披《ヒラ》キ——山本東次郎の場合

——修行時代のことを伺ってきましたが、次は「披キ」についてそれぞれ伺います。「披キ」というのは能・狂言の世界が独特に大事にするものです。狂言で言えば青年時代には「三番三《さんばそう》」（和泉流では「三番叟」）とか『釣狐』、『花子《はなご》』。能だと『猩々乱《しょうじょうみだれ》』、『石橋』、『道成寺』等があります。そして能・狂言の修行は生涯をかけてやっていきます。そうして芸歴を重ねて、狂言ですと「三老曲」があり、能だと「三老女」といわれる老女ものがあります。こうして「披キ」は生涯にわたる、いわば修行の方法だと思いますが、まずは青年期の「披キ」について。

山本 まずやはり「三番三」で、十五歳でした。それは矢来能楽堂の舞台披きで昭和二十七年九月でした。先代の観世喜之[*39]先生が父のところに来て、「今度、武雄[*40]（現・喜之）に千歳披《せんざい》[*41]かせるので、おたくのせがれさんに、三番三どうかね」って言ってくださったんですよ。そうしたら父がきりっと顔を引き締めて「ありがとうございます」とお返事し、こっちは「やった！」という気分でした。狂言には役としてあまり格好いいものはないでしょう。父の「三番三」は格好いいと常々思ってたんで、いつかあれができるのかなと思っていたら、意外と早くにできることになった。まだ中学生でしたからうれしかったです。

それで「百日稽古だぞ」と言われて、来る日も来る日もですけど、あまり嫌な思いはなく、本当に積極的に一生懸命稽古に向かいました。縦拍子という複雑な拍子があるんですが、父は覚えるのに半月かかったというんですよ。ところが、私は半日で覚えちゃったんです。父のをいつも見ていますしね。そうしたら「おまえがこんな早く覚えると思わなかった」と言ってました。それであとの拍子もすぐに覚えて、すぐに立稽古になって、それから本当に百日ぶっ通しで毎日毎日やりました。それからしばらく休んで、時間を置かせるんです。春頃から稽古を始めて夏休みぐらいには終わってました。それでしばらく時間を置いて再び稽古、本番の舞台披キは九月十五日でした。

囃子の笛と小鼓と大鼓で舞うというのは初めての経験ですし、謡で舞うのとは全く違う思い

＊39 **観世喜之**（一九〇二—七七）観世流シテ方、二世観世喜之。初世観世喜之の実兄永島兼太郎の長男で初世喜之の養嗣子となり、二世喜之襲名。五二年九月に矢来能楽堂を建築。養嗣子に三世喜之。観世九皐会主宰。
＊40 **観世武雄**（一九三五—）観世流シテ方、現三世観世喜之の前名。武雄の名前で五二年九月の矢来能楽堂の舞台披きに「千歳」を披く。日本芸術院賞受賞。息子に喜正がいる。観世九皐会主宰。
＊41 **千歳**『翁』の中の一役で、翁につき従って、翁の舞の前に露払いの舞ともいうべき「千歳ノ舞」を颯爽と舞う。

がありましたし、拍子を外したらみっともないとさんざん言われてましたから、これだけは外せないというのがあって、確かに夢中でした。

野村　ご首尾よく、披かれた。

山本　父からはあそこがダメとか言われはしませんでしたが、褒めてはくれません。何年かたって、何回目かの「三番三」を舞い終わったら、「貴様の三番は並だ」と言われました。「山本の三番三は並じゃないんだ」と。その頃は自分でもすっかり「間《ま》」を覚えて、拍子を外す心配もなくなって、ちょっと気持ちよく舞ってたら見透かされて「貴様がやっているのは並なんだ！」と。

野村　芸は慣れちゃいけない。

山本　そうなんですね、慣れたらいけない。慢心がいけない。これもおやじの言葉なんですけど、「慢心を頭の中で感じただけでもうおまえは一生だめになるんだ」って。慢心って芽が一瞬でも出てきたらもうだめになる。そのとき具体的に名前を挙げて、「いいか、誰々さんも、あれは能をやりに生まれてきたような子だったのが、いま見てみろ。ああなったのは慢心だ」と。怖かったですね、それは。そうなってしまったらどうしようと思ってね。

次の披キは『釣狐』で、二十歳でした。そのときは『釣狐』の競演だったんです。都民劇場の十周年かなにかの企画で、四郎さんのお兄さん、野村萬（当時は万之丞）さんと万作[*42]さんのご兄弟。それから和泉元秀[*43]さん、善竹《ぜんちく》圭五郎[*44]さん、私ら兄弟と、あと善竹忠一郎[*45]さんたちで、十番ぐらい『釣狐』を続けて日賀寿《ひかず》能[*46]のように連続上演したのです。私がやったのは十二月でしたけど、それもやはり一年ぐらい前から稽古に掛かり、百日稽古でした。私は結構足腰が強かったんです。スケートやったり、山に登ったりしてたもんで。そうすると、おっ、これできるのかと。一緒にやってくれててそう言われたときは、何かこれは狂言というよりスポーツだなと思って、結構得意になってやってました。だめ出しは来なかったんですが、でも実際本番やったらすごい苦しくて、山登りやスポーツの比じゃなかったです。

---

*42 **野村万作**（一九三一―） 和泉流狂言方。六世万蔵の次男。祖父初世萬斎、および父に師事。兄が野村萬で弟に野村四郎。観世寿夫らと行動を共にし「華の会」、「冥の会」の同人であった。重要無形文化財各個認定（人間国宝）。文化功労者。長男が二世萬斎。

*43 **和泉元秀**（一九三七―九五） 和泉流狂言方。九世三宅藤九郎の長男。四三年和泉流宗家を継承。弟が三宅右近。長男に元弥。

*44 **善竹圭五郎**（一九一八―九七） 大蔵流狂言方。善竹弥五郎の五男。父に師事。晩年は飄逸、軽妙な芸であった。兄に初世善竹忠一郎、二十四世大蔵流宗家・大藏彌右衛門、善竹玄三郎、善竹幸四郎。息子に十郎。

*45 **善竹忠一郎**（一九一〇―八七） 善竹弥五郎の長男。祖父茂山忠三郎、父に師事。善竹狂言会を主宰。

*46 **日賀寿能** 原則一回限りの公演形態を持つ能の公演を何日間にわたって催すときにこの呼び名がある。日数能。その場合でも各日、演目が変わるとか、演者が替わることが多い。

この催しは競演みたいなところがありましたし、先輩方がずらっといらっしゃるところで恥かきたくないという思いもありました。例によって父から褒められることはなくて、「おまえは動きはいいけど、線が細くてだめだ」と言われました。

狂言は様式の枠の中で表現する、それは安定と安心のため。突飛なことをして観客を驚かせるのは礼を失した行ないと考えている。唯一驚かしていいのは、『釣狐』の「犬驚き」（一族を釣り獲られてしまった老狐が猟師の伯父・伯蔵主《はくぞうす》に化け、殺害をやめるよう説得に行くが、犬の吠える声におびえて飛び上がる場面）の所。その時でさえも様式の枠を超えちゃいけない、それから驚かそうという意識は決して持ってはいけないと言われましたね。

「稽古をハレとし、ハレを稽古にすべし」みたいなことはいつも言ってましたよね。それから「大敵と見て恐るるなかれ、小敵と見て侮るなかれ」なんてね。格言好きなんですよ、父は。ですから「三番三」であっても『釣狐』であっても恐れてはいけないと。

披キ――野村四郎の場合

野村　私は狂言の家には生まれましたが能の方にいってしまったので、東次郎さんの今のお話のような、父からの教えというのはないのです。それと披キというのは、どちらかと言えば恵まれた家の子弟には許されても、私のような立場の人間には容易いことではなかったですね。ですからあまり披キという言葉は好きではありません。

初シテは内弟子に入って三年目です。能『**俊成忠度**《しゅんぜいただのり》』です。先代のお家元が、俊成卿を観世元昭[*47]さんにして、そして、トモ[*48]を先輩の関根祥六さんに役付けして、私に花を持たしてくださった。お家元はそういうすごい方なんです。ありがたかったですね。それでこの道の第一歩を踏み出しました。面をかけるということは大変なことなんです。子供のときに唯一面をつけたのは三歳の狂言の初舞台の『**靭猿**《うつぼざる》』の着ぐるみの猿だけです。狂言ではそれ以後は面をかけるような曲に出ていませんので、面をかけるということはいかに大変かということを思い知りました。皆さん、平気でなさっていましたけど、とんでもない。それでも日々舞台を掃除していますと、舞台空間が体の中に入ってきて、面をかけたときの遠近感というのが自然と身についていきます。だから舞台掃除は全ての根本なんです。

---

*47　**観世元昭**（一九三七―九三）　観世流シテ方。二十四世観世流宗家・観世左近の次男。観世華雪、雅雪、兄二十五世観世流宗家・観世左近に師事。芸術選奨文部大臣賞受賞。社団法人能楽協会理事長。

*48　**トモ**　能の役種で、シテ方が演じる。シテあるいはツレが主人で、そのお供をする従者をトモと呼ぶ。観世流の曲名だと『景清』『俊成忠度』『春栄』『朝長』などにある。

山本　舞台を拭かないやつは足腰がだめなんだというのは、楽屋内の常識でしたよね。随分前のことですが、金剛巌[*49]先生のお弟子さんの一人は住み込みの内弟子で毎日舞台を拭いていて、もう一人は通いの内弟子で舞台を拭いてなかった。それで通いの方の舞ってる能をご覧になっていた巌先生の奥様が、「あれは舞台拭いてないからね」って仰っていたのを覚えています。

野村　結局我々シテ方の稽古って、ただ面をかけて稽古するということではないんです。どうやって舞台空間を身につけるか。非常に大変なことですね。面によって遠近感、視野も違いますからね。能役者が下向いてうろうろしてたんじゃ、舞台になりません。探し物してるようじゃね。

次は、ご宗家の『翁《おきな》』で二十二歳の時、「千歳」を披きました。とにかく内弟子で「千歳」やるということになりますとね、『翁』の全てのことは男手でしなくてはならない。お料理から全て、その当時は私一人が内弟子ですから、全部一人でやるわけです。

山本　別火ですね。

野村　「三番叟」とか、「翁」をつとめるときには、「別火《べっか》」と言って、通常とは別な生活をするんです。火を別にするんです。それも神道的ですけれど。女性の穢れを遠ざけるために男たちだけでやるんです。

山本　それはかつては二十一日でしょう。三・七・二十一ですね。

野村　昔はそうだった、江戸のころは。

山本　私のときはまだ中学生だったので父が三日間やってくれました。ふつう、『翁』はお正月でしょう。水道の水が冷たくてたいへんだけど、矢来の舞台抜きが九月十五日だったから、お蔭でまだまだ楽でした。

野村　女人禁制で、女性の使う火と分けて料理をします。前の日は泊まり込んで、「千歳」の役が男手で料理をつくるんです。御洗米も、それからお塩も全部、粗塩を買ってきてね、焙烙《ほうろく》で煎るといいお塩ができるんですよ。フライパンでやると真っ黒になってだめなんですね。手をつけないので「にらみ鯛」といわれる鯛の塩焼も用意する。「翁」が終わり、「三番叟」が全て終わるまでお膳はそのままにしておくのです。洗ったりなんかしない、そのままにする、そういう習わしがあります。その頃は大曲に舞台がありましたから、あそこの台所で一人でやりました。

「千歳」は、うちの父にも言われましたよ。「拍子はな、トントントントントントントンと一気に踏むんだ」、みんな格好つけて、最後のところは間をとって締めたりするんですが、父は「あ

＊49　**金剛巌**（一九二四―一九八）　金剛流宗家・初世金剛巌の三男で宗家を継承。父に師事。紫綬褒章受章、日本芸術院賞受賞。長男・永謹は現、金剛流宗家。

んなのいけない」と言って教えてくれました。下掛《しもがかり》[50]の流儀、金春流、金剛流、喜多流の『翁』では狂言方が「千歳」と「面箱持ち」を兼ねます。上掛《かみがかり》[51]の観世流と宝生流では、「面箱持ち」[52]は同じく狂言方の役ですが、「千歳」はシテ方が致します。普通の能とは「千歳」だけ、止まる足が違います。要するに狂言の足です。シテ方が左を踏み、左から始まるのにたいして、和泉流では右から始まり右を踏む。もともと「千歳」は狂言方のものであったと考えられているのです。ですから古い形を残していると言われる下掛の流儀は「面箱持ち」と「千歳」は狂言方の役なのです。

「千歳」をやると、一人前の内弟子として認可がおりたというか、これから修行だぞということです。それが二十二歳でした。

山本　先ほど「三番三」の披キのことをお話ししましたが、もちろん「千歳」も披キのものではあります。喜多六平太[53]先生が『翁白式』[54]を大阪でなさったとき、父が「三番三」で私が「千歳」をやらしていただいたのが最初だと思います。前にもお話ししましたように「三番三」の披キは十五歳でしたが、面箱は結構重いものなのであんまり幼くては持てないのです。中学生で十三歳だったと思います。父からは「千歳」の披キの時は、四郎さんがお父様から注意されたように、私たちにとって「千歳」の舞は、シテ方の舞と違って、角《すみ》をきっちりきっちり取る（舞台の四方の端から端までをきっちりと運ぶ）、それから最後の足拍子も外すものではなく囃子に合わせて刻んでいくものだといわれました。脇能と同じように清冽な水の流れのようでなくてはいけないとやかましく言われました。

野村　家の子は披キは早いのですね、しかも長男は。私は狂言の家を出て、シテ方として「千歳」を披いたのですから遅いのです。

やはり教えはうちの父と同じですね。「千歳」の足も狂言と同じですから、もとは狂言の担当だったのだと思います。観世流はいろんなことを変えていきますからね。

次の私の披キは『猩々乱《しょうじょうみだれ》』です。入門して十年で、昭和三十七年十二月の観世会定期能で披きました。『乱』の舞はこれまでに使ったことのない体の使い方です。『乱』にしかない動き、

＊50　**下掛**　能シテ方の五流を分類するときの呼称。下掛（り）は金春流、金剛流、喜多流をいう。能の詞章や節に共通する所が多い。江戸初期までは金春と観世の区別に「大和がかり」「京がかり」と呼んだものが江戸時代に五流の体制が整った頃からこの呼び名が定着した。

＊51　**上掛**　能の五流を分類するときの呼称で、上掛（り）は観世流と宝生流をいう。

＊52　**面箱持ち**　『翁』の折に先頭に立つ面箱持ちの役。面箱の中にはご神体ともいうべき「白式尉」「黒式尉」と「神鈴」が入っている。狂言方が受け持つ。

＊53　**喜多六平太**（一八七四―一九七一）　喜多流シテ方。十四世喜多流宗家。小柄ながら力強い謡と型で名人といわれた。日本芸術院会員。重要無形文化財各個認定（人間国宝）。文化勲章受章。有能な後進を育成した。養嗣子に喜多実。

＊54　**『翁白式』**　喜多流の『翁』の小書き（特殊演出）で装束から揚幕まで白一色になる。

そういう初めての試練です。題材も中国ですが、課題そのものが初めてのことで異国的ともいえます。よほど足腰が鍛えられてないと出来ません。流れ足[*55]であり、夢中酔吟じゃなく水中舞です。平らな舞台が浮かんだり沈んだり、歌舞伎の花道のすっぽん[*56]から出てくるものを自力でやるようなものですから。

それで『猩々乱』を十二月に披いて翌年の昭和三十八年二月に私は独立して、その四月に独立披露能で『石橋』を披きました。普通は弟子家のものは一人の『石橋《しゃっきょう》』はやってはいけないといわれていました。それが出来たのはお家元のお考えです。お家元は幼いころに先代元滋《もとしげ》[*57]宗家を亡くされましたので、ご自身がいろいろとご苦労された。それで流儀も開放的にしていかなければという思いがお有りでした。観世華雪先生が芸事上の後見でしたから、華雪先生に習われましたし、寿夫さんにも習われました。

その時の番組は観世雅雪[*58]先生が『安宅《あたか》』で、お家元が『花筐《はながたみ》』でツレが静夫さん、私が『石橋』。寿夫さんには仕舞「井筒」をお願いしました。その時に本来は仕舞ではしない「薄《すすき》を分ける型」をされました。

申し合わせをご覧になった雅雪先生は私に、「一人『石橋』は大獅子[*59]だよ、子獅子みたいに舞っちゃいけないよ」と注意してくださいました。白獅子の位であり、親獅子でなくてはならない。重厚でどっしりしてなくてはならないという教えなのです。これはありがたい注意でした。それから静夫さんが、『石橋』の獅子は普通の能のひじを返す構えでなく、歌舞伎の『**石橋**』と同じに肘を返さず直線的な方が強くかつ美しく見えると、教えてくれました。それは華雪先生の教えだと聞きました。

翌年昭和三十九年、オリンピック能楽祭のあった年の九月に『**道成寺**』を披きました。観世会の秋の別会でした。私は出発が遅かったんですが、あとは他の曲はほとんどやらない

＊55　**流れ足**　波に流される様を表現する足遣い。爪先立ちをして横に動く。『猩々乱』や『鵺』、『屋島』弓流の小書き演出の折にみられる。『猩々乱』では「乱れ足」と呼ばれる波を蹴る足遣いも併用される。

＊56　**すっぽん**　歌舞伎の劇場機構。花道の舞台寄り、七三と呼ばれる位置にある切り穴で、昇降し、超人的な存在や亡霊とか非現実的な役の出現に使われる。

＊57　**観世元滋**（一八九五―一九三九）　観世流二十四世宗家・観世左近の前名。父は二十二世観世流宗家・観世清孝の三男で片山家の養子であった片山九郎三郎（後に観世元義）。父に師事。混乱していた観世流の統一と発展に努め、当時の能楽界の指導的役割を果たし、大成版謡曲集を企画、実現したが、刊行直前に急死した。

＊58　**観世雅雪**（一八九八―一九八八）　観世銕之丞家七世。紅雪の四男。兄六世銕之丞（華雪）の養嗣子となる。芸術選奨文部大臣賞受賞。息子に寿夫、栄夫、静夫（八世銕之亟）がいる。

＊59　**大獅子**　能『石橋』の観世流の小書（特殊演出）。後シテの獅子が白獅子と赤獅子の組み合わせになる演出（数は変化がある）。白獅子はろうたけた親獅子の心で重厚に舞う。

で披キの曲が続きました。その『道成寺』の小鼓は宮増純三[*60]さんで、その当時『道成寺』の乱拍子を観世流の小鼓でやったのは関根祥六さんと私ぐらいだったと思います。これもご宗家のお考えです。観世流の座付の小鼓方は観世流でしたから、それを大切にしようということです。大鼓は亀井俊雄[*61]先生、笛は藤田大五郎[*62]先生。太鼓は観世元信[*63]さんでした。幸《こう》流は掛け声が短いので、観世流の乱拍子の足捌きと折り合いが悪いのです。その幸流の幸祥光《こうよしみつ》[*64]先生と初めてやったのは寿夫さんで、折り合いがつくように工夫をされてやられました。それ以降、私もやはり工夫を重ねて幸流でやりました。

それと、同じ「乱」という字ですが『猩々乱』と『道成寺』の乱拍子《らんびょうし》[*65]とは違います。乱拍子は舞の集約です。昔は「乱」の字は「蘭」という字をあてていました。「たけたるもの」だということです。作品を崇め畏敬を持つから乱拍子であり、蘭拍子なんです。

その披キのときは舞台だけでなく、観客席まで写真を撮ってくれていました。そこには寿夫さんと、栄夫さん、静夫さんの観世三兄弟がみんな立って観てくれているんです。そんな写真もあります。

その頃ですね、寿夫さんが、能というのは一生かけてやるんだから、あせることはないよ。それよりも質のいいものをやるように、と言ってくださいました。

『道成寺』を披いた年は昭和三十九年で、東京オリンピックを記念した「オリンピック能楽

祭」[*66]がありました。そのパンフレットが手元にありますがすごいですね。立派なものです。能

*60 **宮増純三**（一九三四―二〇一六）観世流小鼓方。十八世宗家。宮増豊好の三男。晩年観世豊純を名乗る。息子に観世新九郎、兄に敷村鉄雄。

*61 **亀井俊雄**（一八九六―一九六九）葛野流大鼓方。川崎九淵に師事。葛野流宗家預り。重要無形文化財各個認定（人間国宝）。間もノリもよい柔軟な演奏の囃子方。長男に俊一（幸流小鼓方）、次男に忠雄、三男保雄（宝生流シテ方）、四男に実がいる。

*62 **藤田大五郎**（一九一五―二〇〇八）一噌流笛方。金沢前田藩町方笛方藤田家十世。八世藤田多賀蔵の長男。父及び十二世一噌又六郎に師事。若くから頭角を現し、豊かで格調高い笛を晩年まで演奏し、多くの後継者を育てた。重要無形文化財各個認定（人間国宝）。日本芸術院会員。文化功労者。息子に朝太郎、次郎がいる。

*63 **観世元信**（一九三一―）観世流太鼓方。十六世宗家。十五世宗家・観世元継の長男。父及び叔父観世元業に師事。「華の会」の同人であった。長男元伯。

*64 **幸祥光**（一八九二―一九七七）幸流小鼓方。十六世宗家。三須平司の養嗣子となり、養祖父三須錦吾及び養父に師事。日本芸術院会員。重要無形文化財各個認定（人間国宝）。音色、掛け声、間の良さ、すべてに秀でた囃子方であった。

*65 **乱拍子**　能『道成寺』の前半に白拍子が小鼓の一丁の気合を込めた鋭い掛け声と長い間をおいて打つ音に合わせ、特殊な足遣いをする舞い事。小鼓との一騎打ちともいわれるほどに舞手と演奏者の気合が火花を散らす。三島由紀夫はこれはエクスタシーであり、永遠に続いて欲しいといった。

*66 **オリンピック能楽祭**　一九六四年のオリンピック東京大会のおりの芸術展示として十月五日から十六日まで十日間催された、当時の最高の演者による能狂言公演。オリンピック憲章では、スポー

楽界がもう総挙げでやってますね。

山本　十月五日から十日間。『翁』が初日と六日目にあって、あと毎日狂言一番と能一番ずつ上演しています。能のおシテをなさった方は皆さん亡くなって、当時狂言のシテをやっていて今も現役なのは萬さんと万作さんと私だけです。

野村　私は七世銕之丞雅雪先生の『翁』の後見で出ています。お互いに二十八歳ぐらいですね。

野村　その当時のことを振り返ると、よくやったなと思いますね。大変なものですね。

山本　あのときにパンフレットに名前を連ねていらっしゃる方たちもすごいですものね。

野村　各界の方々でしたね。

山本　白洲正子[*67]さんとか黛敏郎[*68]さんとか、一流の文化人がずらっとパンフレットに書いてくださっているんですよね。まだ文化庁がなかった時代ですから、文部省と能楽協会[*69]とオリンピック組織委員会の三者で固めて。漱石の門下で、文部大臣もなさった安倍能成[*70]さんもいらっしゃったでしょう。この前の能楽協会主催の催し（二〇一七年一月二十五日、特別講演「オリンピック能楽祭に寄せて」）でお話ししたことですけど、当時は古典と言うと能を第一に扱ってくれてたんですよね。それが国立能楽堂[*71]をつくる計画がだめになった時の経緯でおかしくなってしまった。国はほんとうは最初に、歌舞伎や文楽の劇場ではなく、能楽堂を建ててくれるつもりだったんです。ところがちょうどその頃、各流儀やお家がそれぞれ苦労してやっと能楽堂を建てて、その維持管理に苦労している時だったので、国立能楽堂が出来てしまったらお客様をそっちにもっていかれてしまうし、たいへんなことになると、みんな引いてしまい、むしろ反対側に回ってしまった。それ

ツと文化と教育を一体化するべく、期間中に文化イヴェントを実施しなければならないとある。これは古代オリンピック以来の基本精神である。

＊67 **白洲正子**（一九一〇―九八） 実業家で伯爵の父樺山愛輔の次女。祖父は薩摩の志士で海軍大将、伯爵の樺山資紀。幼少から二世梅若実から能を習い、十四歳アメリカ留学を前に女性として初めて能舞台に立ち、能を舞う。青山二郎、小林秀雄の薫陶を受け文筆家となる。著書に『能面』『お能の見かた』『かくれ里』など多数。戦前から住んだ鶴川の住居が武相荘として収集した骨董が展示されている。晩年交流のあった多田富雄が白洲正子をシテに『花供養』という新作能を創り追悼上演された。

＊68 **黛敏郎**（一九二九―九七） 戦後のクラシック音楽、現代音楽を代表する作曲家の一人。東京音楽学校（現・東京藝術大学）。代表作に『涅槃交響曲』、オペラ『金閣寺』など。

＊69 **能楽協会** 社団法人能楽協会（現在は公益社団法人）。一九四五年に設立された玄人の能楽師の団体。シテ方、ワキ方、狂言方、囃子方からなる。会員は一一五四人（二〇一八年十月現在）。

＊70 **安倍能成**（一八八三―一九六六） 松山出身。哲学者。夏目漱石や波多野精一、高浜虚子の影響を受ける。漱石門下の四天王と呼ばれた。能に造詣も深かった。法政大学教授、一高校長、文部大臣、学習院院長を歴任。

＊71 **国立能楽堂** 能楽の保存と普及を図ることを目的として設立され一九八三年開場した。能狂言の上演の他に資料の収集、能楽のワキ方、囃子方、狂言方の養成もしている。

で国が怒ってしまい、国立能楽堂ではなく、国立劇場[72]を建てたと。私は当時はまだ若くてよくわからなかったんですけど、それをはっきり聞いたのは茂山千之丞[73]さんと中森晶三[74]さんのお二人からです。能楽界が文部省から切られたと。中森さんは国立能楽堂の建設は能楽界の黒船襲来とまでおっしゃっていました。それで結局国立能楽堂ができるのが二十年遅れてしまったんです。

「能の狂言」という伝統

——第一夜の話の締めくくりとして、基本的なこととして、能と狂言との違いについてお話し下さい。能と狂言の間に差別のようなものがあるのでしょうか。

山本　江戸のころは、そんなに差別はされてなかったと思います。江戸初期の大蔵虎明《おおくらとらあきら》[75]は大夫の位、称号をもらったりしてますし、能と変わらなかったと思います。喜劇の方が下で悲劇の方が上だという考えもあったかもしれませんけども、幕府はそれほど差別してなかったと思うんです。ところが明治維新で大きく変わってしまった。幕府が崩壊した時、シテ方には割ときちんとスポンサーがついて正しく芸が守られたのですが、狂言の方は食べられなくなってやめてしまった者も多くて、そのときに狂言方の芸位というのはすごく落ちてしまったんですね。まともな舞台が出来ない人たち、台詞もろくに続かないような人でも、人がいないものですから、連れてきてやらせてしまった。ですから当時は危なっかしい狂言師がたくさんいて、レパートリーも数曲しかなくて、いつも同じものを出してるだけみたいなことになってたんですね。もともと猿楽は喜劇も悲劇も内包していて、それを観阿弥、世阿弥が自分たちの美意識で、新しく猿楽をつくり直していったのではと思っています。そのときに能が芸術的な飛躍を遂げたことは確かです。しかし世阿弥も、槌太夫*76という狂言の名人はそれこそ最高の芸位にあったというようなことを書いていますが、その意味では狂言も劣っていたものではなかったと思う

*72 **国立劇場** 一九六六年に開場した日本初の国立劇場。大ホールと中ホールを持ち、歌舞伎、文楽、日本舞踊の他、雅楽や声明、民俗芸能などを上演する。歌舞伎俳優や歌舞伎の囃子の養成もしている。

*73 **茂山千之丞**（一九二三―二〇一〇） 大蔵流狂言方。十一世茂山千五郎の次男。祖父二世千作、父に師事。山本安英の『夕鶴』で与ひょう役を演じるなど、持ち前の反骨精神で幅広く活躍。演出も手がけた。著書『狂言役者――ひねくれ半代記』など多数。芸術選奨文部大臣賞受賞。紫綬褒章受章。長男に茂山あきら、兄が四世千作。

*74 **中森晶三**（一九二八―二〇〇八） 観世流シテ方。津村紀三子、大槻十三、二世観世喜之に師事。鎌倉能舞台を建て、能の普及に努めた。長男に貫太。

*75 **大蔵虎明**（一五九七―一六六二） 大蔵流狂言方。十三世宗家。十二世大蔵流宗家・大蔵彌右衛門虎清の嫡男。父に師事。狂言台本（虎明本《とらあきらぼん》）を著すとともに狂言の理想を追求した『わらんべ草』を書き残した。

*76 **槌大夫** 生没年不詳。南北朝から室町前半の時代に二代続いて評価の高かった狂言役者。『申楽談儀』には昔の槌大夫を大槌、義満が見出した槌大夫を後の槌といって賞賛している。

んです。ただ狂言はそれなりにできてしまう危険がある。能はおシテ方だけでなくおワキやお囃子方があって成り立つものですから、そのすり合わせもあるし、規制が多いので勝手なことができません。しかし狂言は数人でできてしまいますし、囃子が入らないものも多いですし、面をつかうのも、三割ぐらいしかないわけですよ。能は八〇パーセントぐらい面をかけます。面をかけるということは、ものすごい制約なわけですね。その制約を克服するためには、芸位がないといけない。ところがこの規制が少ないために安易にできてしまうというのも、狂言の危なさなんです。高みを目指さなくてはならないわけなんですけど、台詞言って笑いが来ればそれでおしまい、になっちゃう人たちも大勢いた。もっと上に上に、奥に奥に理想の狂言があるはずなんですけど、それがわからない。狂言面の優れたものの中には能面に匹敵するぐらいのもの、むしろ抜けてるものもあります。あれは、ほんとうの狂言の芸位の高さの物的証拠だと思うんです。基礎の技術、例えば運びとか、立ち居とか、扇の使い方とか、舞にしても謡にしても、ほとんど基礎は能と変わらないんです。

野村　狂言は家々によって、その志向が違いますけれども、山本家と野村家で共通していることは、舞歌二曲を基本としています。それが共通です。舞と謡です。これは世阿弥の言い方ですけどね。全然そういう志向でない家もあるんです。

山本東次郎家はさっき出た大蔵虎明の精神的直系と言うべきか、「能の狂言[*77]」という考え方です。それをお父様も一身に背負って、これまでいろいろ話が出たように、東次郎さんに厳しく仕込んだ方ですから、そういう意味での伝統が生きている。江戸式楽の良い意味での様式性、厳しさを持つ「能の狂言」の伝統ですね。

「をかし」といってもただのおかしさではなく、「幽玄の上階のをかし[*78]」という言い方を世阿弥はしています。幽玄という世界で、しかもその一番上等な「をかし」。それが狂言なんだということです。

上階でないとだめですよ。下階の「をかし」じゃだめなんです。

＊77　**能の狂言**　江戸式楽の中の能と相並ぶ狂言という意味で、時流に追随して芸格、規範を失い、迎合的になる狂言の笑いを諫めた言葉。江戸初期の大蔵虎明の『わらんべ草』の基本精神であり、山本東次郎家の芸の根本精神でもある。

＊78　**幽玄の上階のをかし**　世阿弥が六十八歳頃に観世座所属の技芸者にあてて書き記した『習道書』の中の狂言《をかし》の心得を書いたところに狂言の上手として、下品に人を笑わすのではなく、「笑みの内に楽しみを含む」という境地を「幽玄の上階の狂言なるべし」といい、その例として昔の槌大夫の名を挙げている。

第二夜

二〇一七年四月四日
於 藤原書店催合庵

第一夜は、杉並能楽堂と山本東次郎家の歴史からはじまり、お二人の修行時代の頃のことを中心に、父の教えや若い頃の披キ等についてお話しいただきました。第二夜は、藤原書店催合庵でお話をうかがいます。

日本の伝統芸能の中には、老いを大切にするという考え方があります。西洋の演劇、美術、音楽などには、若くて美しい時期の輝きに拠り所を求める、いわば永遠の青春への憧憬があります。しかし、能・狂言には、老いは決して美しくはないにもかかわらず、それを非常に奥行きのあるものとして、生涯の一種の到達点としてみるという美学です。年を取るだけでなくて、芸の功を積み、芸位が上がった人でないと許されないし、実際に誰もがやれるわけでもないのが、狂言の「三老曲」であり、能の「三老女」です。お二人はそれぞれに全てを披演されていらっしゃいます。そのこと自体がまれなことです。

薄れつつある「畏れ」

野村　昔は、能の老女物にしても狂言の老曲にしてもおいそれとはやられないものでした。でも近頃は猫も杓子もと言ったらおかしいですけれど、何でも誰でもやるようになってしまいました。まさに畏れがなくなりましたね（笑）。

山本　平成二十九年三月二十一日の朝日新聞の記事に「能や歌舞伎などの伝統芸能と、ハイテク映像を融合した舞台が登場している。敬遠されがちな伝統芸能のイメージを変え、若者や外国人にまで客層を広げる狙いがある」という記事がありました。その実例がいくつか紹介され、さいごに当時明治学院大学の教授で演出家の岡本章[*1]さんの「ハイテク映像は様々な可能性を秘めているが、インパクトが強く、使い方によっては説明的、限定的になるかもしれない。そもそも、伝統芸能は観客が想像力を膨らませて鑑賞するものだ。とくに、素の舞台で見る能には引き算の美学がある」という言葉が載っていました。同感ですね。特に能や狂言は説明や余計なものをそぎ落としていく引き算の考えなのです。あの発言はいいなと思いました。最近見たＮＨＫの番組ですが、落語を語りながらその内容を芝居をやってみせているんです。熊さんや八っつぁんやご隠居さんが実際に出てきて、すごく説明的なんです。

野村　東京の落語と関西の落語では質が全然違います。関西の落語だと、謡が謡えないと、それから義太夫ができないとね。江戸の八っつぁん、熊さんの方は、小唄、端唄ぐらいができれば、落語家で十分通るけれど、関西では『船弁慶《ふなべんけい》』の謡が出てきたりするんです。だから質が違うんですね。伝統の育ちの違いというのはある。ただ現代では全体の趨勢としては、どうしてもテレビに慣れていると、すべてがわかりやすく説明されるし、説明しようとする。能や狂言はわかりづらい、言葉がわからないし、とまず出てきます。それでも地味でもしっかりと守っているのもいるんです。さっき畏れを知らないと言いましたが、説明されないとわからない、というのではなく感じてほしい、感性が大事です。

山本　東京タワーの照明を消す日が月に一回あって、それは満月の日だそうです。空とか宇宙、夜空に関心を持ってもらいたいからだそうです。確かに昔だったら月は夜空に常に意識されていたでしょうが、今はそうでもしないと月にも関心を持ってもらえないというのは一大事、さきほどおっしゃったように感性の劣化だと思います。

〝死〟というのは、昔は原因がわからなくて死にますでしょう。ところが、今は全部病名がつく。それから身体の仕組みをたいていの人はだいたいのところを知っていますから、心臓が悪かったからとか、無茶やっていたからだとか、そういうふうに因果関係を説明出来る。死はちょっと遠のきますね。もちろん最終的には、死は人間の恐怖としてあるかもしれないけれど、人が死んでもまだ、自分のこととは違うと、すり替えてしまう。

ところがたとえば『源氏物語』で、夕顔が光源氏の目のまえで突然、死んでしまったときの無常さというのは、それはとても恐怖だったろうし、死というものがいつも身近にあるということを感じていると思うのです。

＊1　**岡本章**（一九四九―）　観世寿夫の能に影響を受けた演出家、俳優で錬肉工房主宰。明治学院大学文学部芸術学科教授を平成三十年三月退任。観世寿夫記念法政大学能楽賞受賞。

それから孤独といっても、今と昔では全然違う。電気もなければ灯火ぐらいしかない、本当に真っ暗なところで、隣の家まで行くのに何十メートル、何百メートルと離れているような所、屋根の下にはたった一人しかいないという本当の孤独。現代では、都会の孤独なんてのもあるけれども、電話もあるしメールもあればテレビもあるし、本当の孤独というのを現代人は知らないんじゃないか。同じように闇もそうだと思うんです。

野村　生と死でしょう、闇でしょう、孤独でしょう、こういうものを能役者が感じとれなかったら、能『**夕顔**』はもちろんのこと、能の世界を表現することはできません。

山本　現代人は横文字を本当にたくさん知っているけれど、日本の古い良い言葉がほとんど通じなくなってきて、狂言の台詞もわからないという人が多くなりましたね。何回か聞いてくださるとわかってくるはずなんだけれど。それは本当に困ります。

野村　狂言の場合は、言葉、台詞の言いまわしを理解するのと理解できないのは違いがでてきますね。能の場合には、ちょっとポエムの世界でいくところが多くありますから、一字一字の言葉がわからなくても、何か感じとるということがあればいいともいえます。例えば絵画を見たり、オーケストラを聞いたりして、いいなというのは感じとることが出来ると思う。能はそっちの系統ですね。

能と狂言の謡と語り

――能も狂言も共に謡と語りが基礎にあると思いますが、それぞれの違いと特徴は何でしょうか。

野村　能は物語る芸能だともいわれるぐらいですから、語りを大事にします。それは三人称からはじまって、そして最後に一人称で終わっていくというような、そういう流れです。三人称のところを通って、だんだんそれが変化して一人称になってくるという、そのところが非常に技術的にむずかしいというか、語りというのは、一つの、その部分だけでも聞かせて、作品として成り立つぐらいの技量で語らないとだめですね。

たとえば能の『**鵜飼**』だと、前シテの語りでは、禁漁を犯して魚をとったことを他人ごとのように語っていて、そのうちに、だんだんわがことになって、じつは私です、と。そういうところが能の独特な世界じゃないかと思います。

それから『**求塚**《もとめづか》』ですと、前シテが生田川に入水した乙女の墓にワキを案内して、その物語を他人事のように語っていて「その時わらわ思うよう」というようなところで、自分のことに鮮やかに変わります。それで語ったところで、また中入りで、もう一つ狂言の間《あい》語りで、それを具体的にもう一つ語るというように、語りを重ねていくというところがあります。能の『**朝長**《ともなが》』

だと、前シテの語りに、間狂言の語り、さらにワキの語りが重なって、最後の後シテが在りし日の朝長の姿で現れて、動きを交えて仕方語り[*2]に物語る。そこが能の表現の独特な技法だと思います。

山本 先ほど狂言の言葉もわからない人が多くなってきたと言いましたが、一般的には能よりは狂言の言葉の方がわかりやすいといわれています。ただ表面的にわかりやすいように思えますが、そのもう一つ向こう、奥にあるもの、そこまで見てとって頂きたいんです。そのためには能を観るぐらいの感性とか知性を働かせてほしいのです。だからこそ能と狂言はいっしょに存在しているんだと、私は認識しております。

野村 能の場合にわかりにくいのは、謡ってしまうからだめなんです。そうじゃないんだ。同じ「うたう」と言っても字はいろいろあるけれど、私は「訴える」ということなんだと思う。それが「謡う」なんだと。「訴える」という字に〝ふ〟を書いたら〝謡ふ—訴ふ〟だ。そういうふうに考えたらいいと思います。メロディックな世界だけで謡っては雰囲気だけになって、和歌の言葉と漢文の言葉がないまぜになっているわけですから、意味がまるでわかりづらいですね。技術的に言いますとね、ふくみ声が多いんですね。明快に、ただはっきりすればいい謡だとは思わないですが、肝心な言葉はやっぱり文言が伝わっていかないと、なんだかグニャグニャしていてはだめです。だから謡のことをお経みたいだというのは、お経の人に失礼だよって……（笑）。

山本　また寿夫さんの話になるけれど、言葉の伝達だけでは謡じゃない。意味が伝わらなくても雰囲気だけで構わないという観客の前でやっているから、能の謡は弱くなったんだということもおっしゃっていました。私もそう思います。本当にきちっと言葉が伝えられて、しかもその奥の魂の領域まで伝わらなければいけない。それから「美声に名吟なし」と言われています。

野村　そう、前から言いますよ。美声の人は声自慢に溺れてしまうのです。

山本　声の良い人は良い声を聞かせる。するとお素人は「良い声ね」と喜び、褒めるんですが、それでは本当のものが伝わらない。己の内部で葛藤し努力しないで、自分は良い声だからと自己満足に陥って、向上心がなくなる。

野村　結局、自分が溺れちゃうんですね。寿夫さんもあれだけ声に恵まれ、美声とも言われたのに、そこに安住せず、決して美声とは言えない野口兼資さんの謡に影響を受けて、息づかいから、能の作品の理解の深さが表現できるところへ、ご自身の謡を改革していかれたのですから。

山本　狂言でも同じで、声の良い人はたいてい自分の声に溺れてだめになる人が多いと、父は言っていました。生まれもった声のままで、それに溺れているのは「卑しい声」だと。能舞台に合った声、ふさわしい声というのは、近くで聞いてうるさくなくて、ちゃんと遠くまで聞

＊2　**仕方語り**　語りに、仕方（身振りや手振りの動き）を交えて語ること。

こえる声なんです。

野村　それは「練れた声」です。遠くまで聞こえるからといって、大きな声、うるさい声はだめなんです。うるさい声は狂言だってだめですし、能もでかい声を出すだけではダメです。河竹繁俊[*3]編の『芸道名言辞典』には、世阿弥の伝書から、大蔵虎明の『わらんべ草[*4]』、義太夫、三味線、鼓、いろんな方々の名言が引用されていますが、ほとんどの人がとにかくうるさいのはだめだと言っています。三味線でも隣で弾いていて、うるさいのはだめ。だけど遠くへ響いていくというのがなければだめだ。

山本　良い声で大きい声だけれど、遠くへ通らない声がありますね。近くではうるさいぐらいビンビン来るんですが、遠くに行くと言葉が聞きとれない。正しい発声が出来ている人の声は年を取ってもちゃんと通ります。

野村　私の父は声が強く、響きのいい声でしたから、余り声のことでは苦労しなかったと思います。ですから余り声の出し方については言いませんでしたし、聞いていません。

私は、父から教えを受ける狂言の世界から能の世界に行きましたから、全然わからないままで、苦労しました。それで、声をどこに響かせているかというのを、私は三人の先輩方に聞いたんです。一人は観世寿夫さんで、「どこへ息を響かせていますか、息を当ててますか」。そうしたら「それは下顎だよ」と答えられた。それで一人じゃだめだから、今度は宝生流の近藤乾之助[*5]さんに、「どこへ響かせていますか」と同じ問いをしました。そしたら、真逆で上顎だと言ったんです（笑）。二人が全く逆で、だからもう一人だなと思って、やはり宝生流の三川泉さんに「教えてください、声はどこに響かせますか」と聞きました。そうしたら、「そんなものわかるかい」って、けんもほろろでしたけれど、「うん、そうだな。強いて言えば腰だな」。「あ、これでわかった」と思った。腰とは丹田《たんでん》[*6]のこと。要するに身体を使って、高音の場合は上顎

＊3 **河竹繁俊**（一八八九―一九六七）　歌舞伎研究者・演劇学者。文化功労者。早稲田大学の師であった坪内逍遥の推薦で河竹黙阿弥の娘糸女の婿養子となる。早稲田大学教授、演劇博物館館長を歴任。『芸道名言辞典』が最後の仕事。息子に河竹登志夫がいる。

＊4 **『わらんべ草』**　狂言の芸道論。江戸時代初期の十三世大蔵流宗家大蔵虎明著。父虎清の教えが中心の「昔語」が書かれ、それを改稿し増補して一六六〇年に完成。芸道の理念、稽古の方法、楽屋や舞台での作法など広範にわたる伝書。『わらんべ草』の題の由来は「母のひざの上にてもよみきかせ、心づかせんためなれば、此抄のげだい（外題）をわらんべ草といふ也」とある。江戸初期の歌舞伎の影響を受けるなどして、迎合的になっていく狂言に対して武家式楽の能の狂言を守るという意識に貫かれている。

＊5 **近藤乾之助**（一九二八―二〇一五）　宝生流シテ方。近藤乾三の長男。父及び野口兼資、十七世宝生流宗家・宝生重英、十八世宝生流宗家・宝生英雄に師事。芸術選奨文部大臣賞受賞。日本芸術院賞受賞。芸談『近藤乾之助　謡う心、舞う心』がある。

＊6 **丹田**　東洋医学で、臍《へそ》の下のあたりをいい、臍下丹田ともいう。全身の精気の集まる所であり、腹式呼吸の中心となる。

に響かせるし、低音の場合は下顎だろうし、身体全体が空洞になっていて、ピンポン玉が気道の中に入っていて、上がったり下がったりして、身体の中で音が生まれてくるということです。その根本にあるのが腰ということになるのではないかというふうな解釈をしたんです。藝大で教えているときは、そういうふうに具体的に教えました。

構え、運びを藝大で教える場合は、観世寿夫さんの理論、論理は非常に役に立ちました。いわばアインシュタインの、相対性理論的な世界を、腰を中心にして、相反する力で、四方八方に引っ張られている。その力の均衡の中に静止がある。だがその静止にはただ止まっているのとは違う力を秘めている、というその考え方は、若い子にも納得できます。実際にできるできないはなかなか大変ですけれども、まずはそういう理論からはじまって、その理論を通して形、身体で表現してみる。そういう意味では、寿夫理論というのは、近代的ですから。

山本 うちの父の場合は謡いながら教えてくれました。もっと身体に響かせろとも言われました。身体全体を楽器にするということです。私は何度も声をつぶす喉の弱い人間で、弟たちはすごく声が強かったのですが……。

野村 われわれの場合はどうしたって、弦楽四重奏に例えれば、一人でいわば楽器を全部持っていなきゃ。バイオリンからビオラからチェロから、一人で楽器をみんな持ってないとだめなんです。

山本　それで苦労したものですから、身体に響かせるということを懸命にやってきました。寿夫さんが『**大江山**』をなさった時、私は間狂言の女の役で出ていたのですが、そのとき声がすっかり枯れてしまっていて、女の声にならない。ワキをやっていた宝生閑さんに楽屋に入ってからげらげら笑われました。その頃です、四郎さんに、腹式呼吸がしっかり出来てないからだと言われましたね。宝生閑さんは三つ年上の兄貴分で様々なアドバイスをもらったのですが、その一つが「おまえはふだん大きな声を出して笑わねえから舞台ででっかく笑えねえんだ」と言われて、もっともだと思い、声を立てて笑うように心掛けるようになりました。ともかく楽屋友達の先輩方にいろいろ教わるなかで、正しい声の出し方を見つけていきました。

野村　声は腹式呼吸です。丹田です。ここで謡っていれば声は痛めません。

山本　世阿弥も声のことをいくつか言ってますね……。

野村　横《おう》、主《しゅ》の声[*7]とか、祝言《しゅうげん》の声[*8]と望憶《ぼうおく》の声[*9]とか。

＊7　**横、主の声**　世阿弥の『音曲口伝』や『花鏡』などの伝書に出てくる声の種類。「横は出息《いずるいき》の扱い、主（縦）は入息《いるいき》の色どりなり」といい、横は祝言の声に相当し、主（縦）は望（亡）憶の声に相当する。「横・主ともにある声を相音とは申すなり」ともいう。

＊8　**祝言の声**　横の声に相当し、喜ぶ声であり、強く、出る息の声。

＊9　**望憶の声**　亡憶の声とも書き、悲しむ声であり、柔らかに弱く、入る息の声。

山本　そうですね。声は一つではないと思うんです。一つの声だけでは役を演じ分けられません。能の『景清《かげきよ》』では引き回し[*10]に覆われた藁屋の中で、おシテが「松門《しょうもん》ひとり閉じて……」と謡いますでしょう。あれは独り言ですよね。引き回しの中で謡う声がちゃんと独り言として聞こえなければならない。たとえばその日に観客が五百人いるとしますね。ふつうに独り言を言っていたら、絶対に五百人には聞こえないわけです。だけど五百人に聞かせようと思ってやったら独り言でなくなりますでしょう。でもそれができなければいけない。ほかにも独り言葉はいろいろありますよね……。

野村　いろいろありますが、やはり『景清』の「松門ひとり閉じて、年月を送り、自ら清光を見ざれば、時の移るをもわきまへず……」ですね。それから老女物の能『関寺小町《せきでらこまち》』だとシテの「朝《あした》に一鉢を得ざれども求むるにあたはず。草衣《そうえ》夕べの膚《はだえ》を隠さざれども補ふに便りなし。花は雨の過ぐるによつて、紅まさに老いたり……」ですかね。これは小野小町が百年の姥となって落魄の身を嘆く独り言。

山本　狂言ではたとえば『花子』で、シテが恋人の花子のもとから帰ってきて、その恋の余韻を一人で謡う、あれもそうだと思うんです。能楽堂の観客はだいたい五百人前後ですが、その五百人に聞かせるつもりで謡ったら、絶対にだめなんで、そうかと言って聞こえなきゃだめなんです……。

野村　私が拝見して、感動したのは近藤乾三[*11]先生です。近藤先生の『景清』のその段はすばらしい。真似できない。

山本　ツレの景清の娘・人丸が三川泉さん、トモの従者が松本恵雄《しげお》[*12]さん、松本謙三[*13]さんがワキで、高橋進先生が地頭《じがしら》[*14]をやっていた。私も拝見して感動しましたね、めちゃくちゃ。「乾三・万蔵の会」でしたかね。

野村　乾之助さんに、「ちょっと乾三先生の『景清』の音源ありますか」と聞いたら、「あ、

＊10　**引き回し**　能の塚とか山といった作り物の三方を覆う緞子の布。引回しを下すときは二人の後見が布の上端に通し後方で縛ってある紐を解き、左右からゆっくりと下し、作り物に隠れている、あるいは作り物の中で変身したシテの姿を見せる。

＊11　**近藤乾三**（一八九〇—一九八八）　宝生流シテ方。近藤敦吉の次男。明治の名人、十六世宝生流宗家・宝生九郎知栄に師事。格調高い謡と表現力は抜群であった。重要無形文化財各個認定（人間国宝）、日本芸術院会員、文化功労者。息子が近藤乾之助。

＊12　**松本恵雄**（一九一五—二〇〇三）　宝生流シテ方。松本長の次男。十七世宝生流宗家・宝生重英、野口兼資に師事。重要無形文化財各個認定（人間国宝）。

＊13　**松本謙三**（一八九九—一九八〇）　下掛宝生流ワキ方。宝生新に師事。重要無形文化財各個認定（人間国宝）。

＊14　**地頭**　能という舞台芸術を支える地謡を統率する要。曲趣への深い理解に立って、シテを受け、盛り立て、ワキ方、囃子方の表現も全て含めて総合的に能の成立を支える重要な存在。

あるよ」というので、「すみません、貸してください」とお願いして、その音を聞きました。そのテープを聞くと、しっかり息を感じとれるんです。ふつうはテレビやなんかで聞くと、ほとんど息なんか感じとれないでしょう。ところが、音だけ収録して息を感じとれるんですよ。だからすごく勉強になりました。舞台も観ていたんですが、その感激をもう一度確かめたくて録音を聞かせて貰いました。

山本 五十年近い前じゃないですか。古い、水道橋の舞台ですから。

野村 私はだいたい拝見しています。近藤乾三先生の『藤戸《ふじと》』、それから最後の『安宅』。その時に「笈をおっとり肩に打掛け」で立つところで、近藤先生がよろけられたんです。その時、なんかちょっとニヤッとされましたね。やっぱり人間だと思いました。

山本 八十歳ぐらいでしょう。

野村 立つとき膝を替えてひねるようにやるんです。だから年をとると非常にきびしい演技です。

山本 「オリンピック能楽祭」の時は七十七歳で最高齢でしたが、『綾鼓《あやのつづみ》』を舞われています。それから三年か四年後だと思いますから。

野村 宝生流の伝統は、今は全然雰囲気も違いますけれど、昔はきびしくて、楽屋にいても張りつめたきびしい空気でしたね。高橋進先生が病気して、長いこと入院していたら、近藤先生が見舞いに行って、「君もゆっくり身体を治して出直すんだね」って、そうおっしゃったそうです。高橋先生は当時、人間国宝になっているんです。もういっぺん出直せって言ったっていうの、すごい先輩がいらっしゃる。

山本　本当にすごい先輩がたくさんいらっしゃいましたものね。昭和三十年に大鼓の川崎《かわさき》九淵《きゅうえん》[*15]先生と小鼓の幸祥光先生が人間国宝に認定された時に、父に「ねえ、東次郎さん、私なんか人間国宝といわれるけど、それはいまほかに誰もいないからだよ、俺にしても悟朗（祥光）にしても」とおっしゃったそうです。あれだけの先生が。

野村　高橋進先生という方は、私たちにもよく声をかけて下さって、「そこはああだよ」とかね、前にも話した宝生九郎先生にハネを上げるような歩き方を注意されたとか、もっと大きな口を開けろって言われて、煙管《きせる》を口に突っ込まれて、ぐるぐるかき回されたとか、そんな話を聞かしてくれました。

山本　九郎先生は野口兼資先生の肩に箱をはめたそうです。首が曲がっていらっしゃったの

＊15　**川崎九淵**（一八七四―一九六一）葛野《かどの》流大鼓方。松山出身。上京して津村又喜に師事。東京音楽学校能楽囃子科の講師を勤め、後進を育成。日本芸術院会員。重要無形文化財各個認定（人間国宝）。重厚にして峻厳な芸境は群を抜いていた。『葛野流大つづみ　全』など囃子と謡の地拍子を理論的に解明して著作も残した。

でそれを治すために、わざわざ矯正のための木箱を作って曲がらないようにしたんです。絶対に動かないように。しかも稽古の時にその箱を木刀でなぐるんですって。すごい衝撃でしょう。それを父がじかに見て驚いたと話していました。

野村　宝生流の型付[*16]を拝見させていただいたことがあります。他流では『**満仲**《まんじゅう》』ですが観世流の『仲光《なかみつ》』は大分改変されているので、それを元の形に戻して、横浜能楽堂の企画公演でやりました。その時に武田孝史君[*17]に、型付があったら拝見したいとお願いして、見せて貰いました。それにはシテは宝生九郎と書いてあって、子方が野口兼資と松本長《ながし》[*18]でした。すごい時代です、恐れ多いことです。

「語り」の奥深さ

野村　語りのことだと「那須」の語りはちょっと特殊で、ああいうのは狂言でも他にはないでしょう。

山本　『**文蔵**《ぶんぞう》』も石橋山の合戦を仕方語りにしますが、あれだけ動くのは「那須」の語りだけですね。「那須」は能『**屋島**《やしま》』の替えの間語りです。前シテが中入りすると、アイの所の者は塩屋の様子を見舞いにいき、そこで出会ったワキの旅僧に問われて昔の合戦の話を語るのですが、「那須」の時は語り手、義経、後藤兵衛実基、那須与一の四役を語り分けます。間語りは修羅能の『田村』とか『巴《ともえ》』の語りから稽古を始めます。私は十歳ぐらいからでした。それから少しずつ、三番目だと『東北《とうぼく》』、それから『井筒』だとか『半蔀《はしとみ》』、その間に四番目、五番目があります。しゃべること、語ること、謡うこと、それ以外に色節[*19]で伝える方法もあり、そのすべてを体得した上で語らなければいけない。そのずっと先に、一方に「那須」のようなものがあれば、もう一方には『姨捨《おばすて》』だとか、『定家《ていか》』があるのです。

野村　能の方の語りは、能は語り物の芸能とも言われるぐらいですし、一曲の聞かせどころでもあります。だから語りを大切にします。前シテの語りというのは、仕方にはならず語りだ

＊16　**型付**　能や狂言の登場人物の動き——型（所作）——を具体的に記したもの。

＊17　**武田孝史**（一九五四—）　宝生流シテ方。武田喜永の次男。十八世宝生流宗家・宝生英雄に師事。東京芸術大学音楽部教授。

＊18　**松本長**（一八七七—一九三五）　宝生流シテ方。松本金太郎の次男。父及び十六世宝生流宗家・宝生九郎知栄に師事。野口兼資と並んで宝生流を支える。父金太郎は葛野流大鼓方中田万三郎の次男であり、宝生九郎の斡旋によってシテ方の松本家を継いだ。父金太郎の妹の鈴は泉鏡花の母親。長男たかしは身体が弱く俳人、作家となり、弟恵雄が能を継承した。

＊19　**色節**　詞と節の中間のように謡う技法。語りと謡の中間ともいえる。

けです。狂言方やワキ方の語りはコトバで終始しますが、能の語りの終わりの方になると節になって終わるのが特徴です。

ところが後ジテになると、たいがい狂言の『文蔵』と同じように床几《しょうぎ》に腰かけて、仕方も交えて語ります。『朝長』とか『頼政《よりまさ》』などで、わりと激しい動きの型があります。その語りのときに、今の人は床几に楽に座っていますが、昔は床几をすーっと引かれてもそのままの格好で崩れてはいけないといわれました。つまり膝と足で体を支えて床几に腰を預けない。おまけにあれは三つ足ですから、不安定なんです。四つあったら安定するんですが。しかも塗り物で座面がゆるくカーブしているので滑るんです。

山本　狂言も同じです。足腰を鍛えてないとすごい負担がかかります。お囃子方の床几は塗り物ではなく、X型に開く、いわゆる陣床几なんです。その座面の布とか革が上演中に切れることがままあります。その時に後ろへ倒れるようではいけなくて、むしろガクッと前に膝をつくぐらいでないといけない。

野村　今は背もたれに座っているような姿の人が多いですね。

山本　そんなアクシデントがあっても、ちゃんと対応できる心の持ち方、もちろん身体の持ち方も必要です。

野村　師匠から教わるわけですね、床几のことなんか。実際すっと抜かれたりするようなことがあったとかということではなく、その覚悟でやると気持ちも座り方も違ってきますね。自分で鏡を見て、座ってる横の姿を見れば、すぐわかります。それに能舞台では脇正面のお客様の眼があります。あの脇の方のまなざしが怖いんです。

山本　床几を取られても大丈夫というのと同じで、私たちもアイを語っているときに、「べたっと座るんじゃない、お尻の下に紙が一枚入るようにして語れ！」と父に言われました。それで悔しくて、ずっと言われた通りやっていたんです。緊張感が違うんですね。

野村　なるほどね。

山本　間語りですから十分から十五分ぐらいのことですけれども、腰を踵に預けないんですね。預けないで、その間に紙一枚分浮かして語る。七十歳ぐらいになってさすがにちょっと膝にくるので止めましたけれど。

野村　間狂言の語りは地謡の眼が一番きびしいんです。横からみんな見ているから。猫背に座っているのはすぐわかってしまいます。

山本　父から、「ぶっ座っているような座り方じゃだめだ。さあ語れ」と言われて、最初のうちは、「何言ってるんだ」と思いましたけれども。それは出てくる「気」が違ってくるんです。「那須」なんかはふだんからそれをしてないと、パッと動けないんです。ぴったり座っちゃうと、一つ間を取ってからじゃないと動けないけれど、浮いてればパッと動けるわけです。

六代目菊五郎[*20]さんが、うちの祖父の二世東次郎に「あんたたちはすごいな、裏からだって見られるんだ。俺たちは正面からだけだから。歌舞伎なんてとても横からは見せられない」って、よく言っておられたそうです。

六代目の菊五郎さんと祖父とは仲が良かったようで、狂言の『花子』を教えてもらいたいというお話があったときに、祖父は今の俺の立場じゃ教えられないけれど、ちょうど弟子を稽古する日があるので見に来たっていいですよと言ったそうです。それでその稽古に菊五郎さんがおいでになったそうです。六代目さん、七世三津五郎[*21]さんのコンビで歌舞伎舞踊の『**身替座禅**《みがわりざぜん》』を創られたでしょう。その時のことだと思います。

――シテ方と狂言方が一曲のなかで同じ舞台に同時に出演して、前シテと後シテの間にアイの語りがあって、能の一曲が完結するというのはどのような感覚でしょうか。一緒に舞台を作っていく感じがあるのでしょうか。

野村　私は舞台に一緒に出ていって、たとえば、地謡に出ていて、間狂言の語りを聞いているでしょう。そこで気がつくことがあるんです。あ、そうかって、そういう時があるんです。『姨捨』の間語りのように、能の詞章にはないことだったり、狂言のお家によって違う内容があったりしますから、謡本だけでは察知ができない部分があって、狂言の語りでもって、ふと気をつかせてくれることがあるんです。

それからもう一つは、シテと絡む、いわゆる会釈間《あしらいあい》ですね。[22] これは語リ間の世界とは全然違います。たとえば『邯鄲《かんたん》』とか『鉢木《はちのき》』みたいにいろいろ絡んで、曲を作りあげていく世界もあります。曲によっては役者を選ぶわけじゃないですか。

『邯鄲』に「夢中酔舞」という小書きがあります。これは『邯鄲』という能にふさわしい特殊演出で、観世寿夫さんも上演されたことがあります。私はそれをやりました時は、常は一畳台を地謡座の前に出してそれに大宮を立てて宮殿に見立てるのですが、この時は一畳台を二枚並べて、大宮は立てずに、その二畳の空間を宮殿に見立てるという演出で致しました。

この能では狂言方のお役で枕を貸してくれる宿の女主人が重要な役をします。喜多流には「傘之出」という演出があって、傘を持って出て女主人に傘を預けて宿を取り、最後には傘を再び

＊20　**六代目尾上菊五郎**（一八八五—一九四九）　歌舞伎役者。五代目尾上菊五郎の長男。立役も女形もともに優れた、兼ねる役者であった。初代吉右衛門と「菊吉時代」を築いた。舞踊にも優れ、七代目坂東三津五郎とのコンビで松羽目狂言『身替座禅』『棒縛』などを創る。

＊21　**七世坂東三津五郎**（一八八二—一九六一）　歌舞伎役者。新富座の座主十二代目守田勘彌の長男。舞踊の名人といわれた。坂東流家元。六代目尾上菊五郎、初代中村吉衛門の相手役を勤めた。日本芸術院会員、重要無形文化財各個認定（人間国宝）、文化功労者。養子に八代目坂東三津五郎。

＊22　**会釈間**　間狂言の一種で、『邯鄲』の宿屋の女主人や『鉢木』の早打ちとかシテやワキと絡んで演技をするもの。ほかに何人かで独立した劇を見せるものも含める。

受け取って帰るという演出があります。私はこの狂言方の演じる宿の女主人の役はとても大事なものだと思っています。この能の冒頭に、シテの盧生《ろせい》が女主人から、この邯鄲の枕で眠ると「来し方行く末の悟りをお開きある枕にて候」と聞かされているのですから、いうならば枕はテーマそのものです。その枕で悟るのですから、悟りを得た後、枕をアイにお返しして帰路に着くという演出でやらせてもらいました。

山本　私の家の伝承では、この女主人は一介の宿の主人ではなく、枕の精であるという考えがあるのです。

野村　いやー、それは初めて聞きました。私の勝手な想いだったのですが。

山本　昔はこんなことを狂言方が言うと、生意気なことを言うなということになるのですが。

野村　女主人に粟の飯が炊けたと起こされて盧生が目覚め、栄華の夢も一炊の夢、「よくよく思えば出離《しゅつり》を求むる知識はこの枕なり。げにありがたや邯鄲の、夢の世とぞ悟り得て、望かなへて帰りけり。」と最後の地謡が終わった後のことですから。

山本　この起こすときも、その寸前まで盧生は舞い続けて息も上がっているわけですから、父から厳しくいわれたのは、おシテを休ませなくてはならないけれど、そう見えてはいけない。観客の眼を自分の方に引きつけておいて曲全体が緩まないようにしておいて、その間におシテに息を整える間があって「盧生は夢覚めて」と謡い出せるようにするのが玄人の心得だと。

野村　夢幻と現実が入り混じっているところが『邯鄲』の面白いところです。シテも目覚める時に、フッと目覚めるという演出もあり、ぼんやり目覚めるというやり方もありますが、すぐに「盧生が夢覚めて」と謡い出してはいけない、その間が難しい。
二〇一七年の正月に放映しましたＮＨＫ ＴＶの『西行桜』、こういう曲をやるときは、間狂言は誰でもいいというわけにいきません。それでＮＨＫの担当者に、東次郎さんを名指しでお願いしました。
山本　ありがたいことです。父が言っていたのは、どんな名人のおシテのアイを勤めても見劣りしてしまうのはいけないし、どんな下手な人のお相手でも自分が目立ってしまうようなことがあってはいけない、それがアイの心得だということでした。名人のときには、どうしてもアイの力が弱くて落ちてしまうわけですけれども、それでも際立って見劣りがするというようなことはないようにと言われました。どなたが舞われても精一杯勤めたいし、しかも能の中に納まっていたい。そのためには己を殺さなくてはいけない。それから本当に練れた声を出さないといけない。生の声じゃないものですね、語りは。脇能なら脇能の位、それから修羅能には修羅能、三番目物は三番目物の位で、語りの仕方も教わります。それから語間《あい》（夢幻能でシテが中入した後、能の物語を語る間狂言）の座る位置ですが、舞台の真ん中に座っているんですけれども、わずかずつ違うんです。

野村 それは初めて聞きました。どこが違うんですか。

山本 一番高い（見所に近づく）のが修羅能です。修羅能が一番高く、客席に近いところで語る。そして脇能の『**高砂**』などはちょっと下がって、三番目物はもっと下がって。四番目と五番目はいっしょで、一番低い。決まっているんです。本当に十センチぐらいの差ですが、印象が違うんです。祖父のツケには座る位置のことが書いてあります。

修羅物が高いのは、理屈づけとしては、戦記物でインパクトを上げるためなんだと思います。パパパパッとしゃべっていくわけですし、語りの上げ下げがはっきりしています。ただし『朝長』、『頼政』、『**実盛**《さねもり》』の三曲は重く扱うのでこれは別ですけど。

野村 修羅物の間狂言はむずかしいです。それと三番目の間狂言では全然位取りが違います。二つできればかなりの力です。

山本 うちの教えは間狂言を大切にしますから。催しの内容や曲目によっては、その日の出演者のなかで、一番しっかりした者が間語りをやって、狂言のシテは二番手の者がやるという選択もあるのです。

野村 『井筒』でもって、「筒井筒、井筒にかけしまろがたけ……」を言うのにもう少し丁寧に言ったらどうかって思うこともありますよ。あんなに乱暴に言わなくてもいいだろうって（笑）。間語りがいかに大事なものであるかということがわかります。

山本　少し前ですが、鵜沢久[*23]さんの会で、鵜沢久さんたち女性能楽師が地謡を謡って、四郎さんがシテを舞われた『通盛』のアイをさせていただいたのですが、それほど特別な間語りではないですが、あまり出ない曲ですし、ちょっと緊張しました。アイのご指名は信頼されているということなので、たいへん有難いことだといつも思っております。

能舞台の特徴と演技法

――能舞台は脇から見られるというお話でしたけれども、あの舞台というのはかなり独特です。その歴史とその独特の舞台が能と狂言という芸能に与えた影響はどういうことがありますか。

山本　もともとは野外の仮設の舞台ですから、ぐるりと観客席があって橋掛リが真後ろについていたといいます。

野村　六代目がおっしゃったように横や裏からも見られるというのは能舞台の特徴ですね。歌舞伎だと広い間口でどうしても絵画的になります。それに対して横からの目線は絵画的と

＊23　**鵜沢久**（一九四九―）　観世流シテ方。鵜沢雅の長女。父及び観世寿夫、八世銕之亟に師事。銕仙会所属。安宅賞、川崎文化賞受賞。鵜沢久の会主宰。娘に鵜沢光がいる。

いうよりは彫刻的にならざるを得ません。絵で見せるのではなく一人一人が彫刻的な存在感を強く持つ。それが能の立ち姿や動きに要求されます。

世阿弥のちょっと前の時代ぐらいまでは、だいたい勧進能だから仮設舞台なんです。まだ能舞台が固定していない時代です。観客が取り囲みますから、後ろに橋掛りがあって楽屋は真後ろにある。そういう図面が残っているんです。その図面には囲む大名の名前まで全部書いてある。真正面の席は空白で神様の席なんです。

その真後ろの橋掛りが、だんだん左手に寄っていって今のような能舞台の形が完成します。現存している一番古い舞台は、西本願寺の国宝になっている北能舞台です。西本願寺には南能舞台と北能舞台があって、その他に畳を外すと能舞台になるものもあり、西本願寺さんは三つ能舞台を持っています。

山本　黒川能は最長老になった時に当屋ができることが一生の名誉ですから、自宅で能が舞えるように、家を建てる時には最初から舞台を作っておくようです。九州の「御花《おはな》」[*24]も畳を上げると舞台になるお座敷がありますね。板戸がちゃんと鏡板になっているんです。唐津の炭鉱王だった高取さんのお宅にも立派な舞台があって、今は唐津市に寄付されたようですが、二十年くらい前でしょうか、茂山千作[*25]さんと私で狂言をやって、先代の観世銕之亟さんと観世栄夫さん、梅若六郎[*26]（現・実）さんもその舞台で舞われました。せっかくの舞台ですが長い間使われていなかったのですごく喜んで頂きました。炭鉱がどれだけお金を持っていたかということも思いましたね。

——舞台での座り方も変遷がありますね。たとえば、『翁』は安座《あんざ》ですね。地謡も今は正座ですが、それまでは安座です。それから能で装束を着る役はワキ方もシテ方も片膝を立てる座り方ですね。あれは中世の座り方だと言われます。そこは変わらないのに地謡の座り方は変わってきていますね。

野村　「安座」というのは、字面からすると楽な感じがしますが、実際は楽ではありません。「安座」というのは武士の座り方で、すぐに立てるように、つまり斬りかかられてもすぐに立てるような座り方。江戸時代は「ろくにいる」、「ろく」というのは「鹿」という字を書きまして、

＊24　**御花**　九州柳川市にある旧柳川藩主立花家の庭園（松濤園）と自邸を改装し、立花家資料館・料亭・旅館・宴会場「御花」を営む。

＊25　**茂山千作**（一九一九―二〇一三）　大蔵流狂言方。十二世茂山千五郎のちに四世千作。弟の千之丞とともに武智鉄二の新作狂言や能狂言様式の演劇に出演。天衣無縫さを感じさせる狂言役者であった。日本芸術院会員、重要無形文化財各個認定（人間国宝）、文化功労者、文化勲章受章。息子に五世茂山千作、茂山七五三、茂山千三郎がいる。

＊26　**梅若六郎**（一九四八―）　観世流シテ方。五十五世梅若六郎の次男。五十六世梅若六郎、四世梅若実を襲名。二世梅若実及び父に師事。現行曲の見直し、復曲能、新作能の上演などを数々手がけ、成果を上げてきた。日本芸術院会員。重要無形文化財各個認定（人間国宝）。

鹿のように膝を折ってベタッと板にくっつく。そういう座り方もありました。

山本　間語りの時は正座ですね。でも括袴《くくりばかま》*27のときは安座が多いですね。『道成寺』の能力《のうりき》*28のように。それから坊さんは正座ですね。

野村　シテ方の安座というのは、片方の足のところに身体が全部乗っかっているんです。そうするとこっち側は前に出ているけれど、お尻をペタッと板にくっつけているんじゃないんです。すぐ立てるということです。そうしてないと身体が崩れます。身体が崩れた格好は、能は好まないですから。

山本　武士の座り方としては、斬りつけられてもすぐ刀を取って立って応戦出来るように、ということもあるんじゃないですか。

野村　地謡も古い時代の絵図を見ると、正座じゃないですね、安座ですね。正座というのは江戸になってからで、正座の様式というのは新しいと、私が読んだ本にありました。それまではみんな安座系なんでしょう。ただ能には胡座はないです。

山本　いろんな変遷があるのでしょうが、例えばいま地謡の方は謡ってないときに袴の下に手を入れています。十四世の喜多六平太さんは、あんなものは昔はしなかったが、寒いから手を入れるようになったんだよと、芸談で書いていらっしゃるそうですが、私はそうじゃないと思うんです。手は表情しますでしょう。みんなが出していたらすごく邪魔になる。だからあれはすごい知恵だと思っているんです。

野村　私はあれは武士の世界の、「私はあなたに無抵抗でございます、手を出しません」、そういう意味があると思う。そういうことも実に興味深いですね。それから寿夫さんがおっしゃったように能は歩行舞踊ですから。構えとか運びが重要になります。

山本　父はとにかく歩かせて、気にいらなければ蹴とばすんです。「そんな歩き方があるか」って。声なんかはまだいろいろな教え方があると思うんですけれども、動きというものは身体で覚えなければいけないと言って、とにかく叩く。叩かれなくなったらようやく正しい運びができたっていうことなんじゃないかと思いました。子供の頃、父から厳しく教えられたこと、そのきびしさは身体に残っています。今でもちゃんとした歩き方ができているだろうかって不安になります。だからくり返しくり返しチェックして、暇があったら舞台を歩いてるんです。

野村　そうですね。ほんのちょっとの隙を見ては運びの稽古をするのが、私らの自然の習慣でしたものね。

山本　それが一番の根本ですよね、運びというのが。

＊27　**括袴**　狂言の装束で、半袴の裾に通した紐で括って膝下で留め、その下には脚絆を付ける。
＊28　**能力**　寺で力仕事をする下級の僧。または寺男。力仕事をする召使。

野村　宝生流は橋掛りを満足に歩けたら、その能は成功だっていいます（笑）。

山本　舞台で立ち続けるというのも大変でして、気をつめて、これしかないと言うぎりぎりの立ち方、言い替えれば究極の「気を付け」です。この究極の気を付けを持続させること。それから、ピッと立つか、ジワーッと立つか、立ち方でも表現が広がります。それも厳しい立ち方をさせられ、座り方をさせられて、ひっぱたかれなくなると、正しい立ち方なんだろう、座り方なんだろうと思っているわけです。

このごろは膝がだめになっちゃいましたけれども、どんな時でも反動で立つような立ち方は一切すまいと思っています。それができなくなったら自分ではなくなるというところまで、自分を追い込んでいました。反動で立つというのは、何十分の一の労力ですむのです。

野村　それを訓練してないと、アドバルーン上げているみたいなしまらない立ち方になってしまう。私の意識は腰で立つ、腰をキューっと、上にツーっとひっぱり上げられるようにしています。とくに面をかけていて、女性の役の立ち方なんていうのが、ぶれたり変な立ち方をすると見苦しい限りですから。まっすぐにスーッと上に引っぱられていくような感じで、私は立ちます。ところが、老女をやるときには、そんなにスーッと立ったら逆におかしいですから、老女物なりの立ち方があります。狂言も同じですけれども、役によってそれに相応しい様々な立ち方、立ち居振る舞いがあります。

山本　さっき宝生流は橋掛りをちゃんと出られれば、能の何パーセントかは成立するとおっしゃいましたが、本当に一番理想的な運びってなかなか出来ないものです。幕から常座まで出ていくのに、その何十歩かが一歩一歩完璧にきちっと全部できたということはまずないです。必ずどこかで踏み外してずれたりするんです。それがなぜわかるかというと、私は学生時代、スピードスケートをやっていたんですが、一歩一歩が完璧に滑れていると、良い記録が出るんです。だけど一つでも踏み外すと、零点何秒か、タイムが落ちるわけです。外すのが二、三歩あるとすぐに一秒ぐらい遅れるんです。それで自分の運びをチェックしていたら、理想を十点だとすると、どうしても一点ぐらいマイナスになることがあったりする。満点はなかなかできないものです。

若い人たちに教えるときは、親父のように手を出したりはしません。こうあるべきというのは、自分でやって見せるしかない。

野村　私は近頃は、子供を教えることもあるんです。そのときは節をつけて「後ろの足を前へ出す」って言って、「後ろの足を」って、こういう調子でやらしてやるんです。そうすると今までこわばっていたものが、リズムに乗っかって、それに手拍子もつけて、「後ろの足を」って、乗せてやるんです。そうするとだんだん板になじんでくる。板になじませないとだめですよ。上手下手じゃなくて、まずなじませることが大切です。

土踏まずのことを意識したのは、寿夫さんに稽古されてからですね。寿夫さんは、土踏まずをピタッとくっつけていますね。それで何も変な内股みたいな歩き方にはならないですね。膝の割り方がバランスがとてもいい。土踏まずを板にピタッとつけようとすると、みんな内側に体重をかけるんです。そうすると、今度はX脚みたいになる。そこがむずかしいんですね。それでは腰が弱くなっちゃう。身体の中でいろんなふうにエネルギーが錯綜しているんです。あっちへ引っ張りこっちへ引っ張りというふうに。

そのときにスポーツの話もしていました。平均台のときとか、床運動のときの……。歩き方の例も出されました。要するに能は歩行舞踊だから一歩が大事だという考えです。それが寿夫さんの得意とする所でした。**『卒都婆小町《そとばこまち》』**で「百歳の姥となりて候」と一歩運ぶ、一歩を詰めて足を揃える、この一歩が小野小町の百年を表現するんだと、それが能なんだと……。

先代の銕之亟さんもよくおっしゃっていたけれど、**『隅田川』**で道行をしてきて、最後にちょうど「隅田川にも着きにけり」でやはり一歩詰める。私たちは一足詰めると言いますが、その一歩で、京都白川からの隅田川までのすべての距離を表現するんだという言い方をされていました。一歩で百年という時間も、都と東国との距離も表現できるということです。

山本　変な例だけれど、日本では幽霊というのは足がないということになっていますね。だから死霊のドラマって言われる能では、足を感じさせないものにしてあるんだと思うんです。

足を見えないように、感じさせないように、いつもいつもやっているから、逆に一歩が実際の距離とか時間を超えたものになるんだという考え方、そのための技術を身につけていくのだと思っています。

狂言は少し違います。たとえば狂言を演じる時、私の個性で勝手にやってしまったら、それは私の身の上に起こったことになってしまいます。でも狂言はすべての人間に普遍的にあてはまるものです。「私」の部分を消さないといけない。その意味で歩きを消す能のお手本があるわけで、それが狂言にも入ってきて、そういう歩き方をしていると私は考えています。普遍性を獲得するために個性を消して「型」を使うんだと。狂言は登場もとても大事で、ある曲ではいつのまにか舞台に登場しているという感じで始まることもあるし、『入間川』や『鬼瓦』のように喜び一杯で登場することもあるし、『**武悪**《ぶあく》』のように怒りに満ちて現れることもあります。

野村　能も狂言と共通するところがありまして、長袴をはいたときの運びは狂言と共通します。ふつうの運びなんかしたらだめですよ。私の場合は狂言で勉強したことが役に立っています。要するに足が歩いているんじゃないんです。踏んでる部分と長袴の裾とが一体と成って歩いているんです。足だけで歩いてもダメです。仇討ちの能『**望月**』のシテはできません。グッとためておいてスッと行くとかね。それはいろいろ工夫した。

山本　私たちの場合は長袴をはくことが多いですから。長袴の場合は裾が運びに抵抗してきますから、それをうまく扱わなければなりません。それは歩きを変えるんじゃなくて、「長を扱う」という意識でやっています。狂言の場合も、習いの長捌《ながさば》きという教えがあります。人間の心理、たとえば怒りを運びや長袴の捌き方で表現するということもあります。

家々の伝承

山本　父の時代には、「この狂言のこの型はうちだけのものだから他の狂言の家の人がいたり、一緒の舞台に出たときはやるな。いい型を取られてしまうから」っていうことがありました。だけど国立能楽堂が出来てから、主催公演では能も狂言も全部撮って記録として保存し、誰でも閲覧することが出来ます。コピーはさせないにしても、全部がわかってしまう。最初、これはつらいなと思いましたが、寿夫さんは誰かに型付を見せてくれと言われると、全部お見せになるとおっしゃっていました。「あんなものを見たって習ってないやつは出来ないんだから、そんなものは隠しておく必要がない」っておっしゃってた。その言葉に倣って私は依頼があればすべてお引き受けすることにしました。

野村　観世寿夫という人は、惜しみなく教えたんです。どんどん引き出しからいろんなものを出して、空っぽになると自分でいろんなものを新たに入れてくる。そのエネルギーがすごかったですね。

山本　私も寿夫さんのそのような姿勢を伺っていたので、決断できましたね。

野村　観世華雪先生はとても細かに型付を書き残されています。ですから華雪先生に習った観世元正ご宗家は、写させて下さいとお願いすると、写させてくださいました。それに本当に芸が具わってなかったら、それを見ても読めない。先代の観世銕之亟さんも、見たってちゃんと教わってないやつには出来ないよって言ってました。型付は見ただけでは何も出来ません。能にたいする自分の思考がなければ読み解けない。それに江戸のころなんか字が当て字だったりして読めないことも多いから。「鹿」って字を書いて、「ろくにいる」なんて読めなかった。何だろう、これは、と。どういうことだったのかが、数年後にわかったとか。今といろんな名称が違う。昔の本は、「半身」なんて言葉はあんまり使ってないです。秘伝ですが教えましょうか（笑）。一重身《ひとえみ》といいます。袷と一重だったら薄くなるのが一重。

山本　うちでもよく「そこは一重身だ」っていう言い方をしてましたね。いまは言ってもわからないでしょうね。ほんとに「ヒトエミ」って久しぶりに聞きました。

野村　型付の話で言うと、昔は銕仙会で型付を写させてもらうときはお蔵から出してもらって、そして手書きで写しました。だいたい野村家の者は手で書き写すことで覚えるんですね。それが大分前からコピーになってきました。

山本　それどころか、今はスマホで一瞬で撮ってしまいますね。

野村　あれは愕然としますね。その前はツケ[*29]なんかもなくて、身体から身体へということでしょう、稽古を受けるということは。それが、今はコピーしたり、ビデオを撮って、それでやってしまう。形はなぞっているけれど、何も伝わってこないでしょう。それで出来ると思っているから芸がだめになっていく。型付を見ても、習わなきゃだめです。

山本　二〇一七年四月の銀座の観世能楽堂の舞台披きの『翁』で、お家元の観世清和さんの「翁」で私が「三番三」をさせていただいたんですが、そのときのお笛は一噌庸二[*30]さんで、主催側から少し短くして欲しいということで相談があって、それで本来はこうなっているんだけれどと庸二さんが持ってきてくださったのが、九世の一噌又六郎[*31]さんのツケでした。九世はお父上が早く亡くなられてすごく苦労したので、本来は書き残すなんてことはしないけれど、自分が苦労したから、後の人のために書き残しておくとそのツケに書いてあるという話をされました。江戸の寛政の頃だと思います。十八世紀後半ですね。当時は教わって受け取ったものはみな頭の中に持っているのが本来なので、ほんとうはよくないことなんだけれど、敢えてここに書き残すと書いてあると。

私の家のことで言えば、父は自分のノートは作っていました。それと初世も二世もそれぞれのものが全部残っています。初世は明治維新の混乱期にあっていて、いろんなことが大きく変わっていった時代です。能は分業ですから、ワキとシテとアイ、ワキとアイの問答が流儀ごとにいろいろ変わってくる。何流のときはこういう申し合わせになっているからと、ちゃんとわかっていてパッと合わなければいけないわけです。それを知らなかったりすると恥なので、ですからすごい緊張して、これでいいだろうなと十分調べて行って、ポンと合わせられるんですけれど、このごろは互いに探りを入れて聞いてみて、案外簡単に教えてしまう。随分安易になりました。知ってないと恥だったのが、知らなくて、出る前にちょっと聞いて、なんてことが普通になってしまいました。うちでは、それぞれの流儀の方とお相手を経験するたびに三代にわたって、それを書き残しています。どこそこの流儀のときは他と違って何々だから注意せよとかね。

野村 父もけっこう書いています。祖父の萬斎[*32]がいろいろ書いていました。私は間狂言のと

*29 **ツケ** 付。書き記したもの。「型付」、「手付」（囃子の手組や約束事の記録）、「装束付」（衣装の決まりごと記したもの）など。

*30 **一噌庸二**（一九四〇—）一噌流笛方。十四世宗家。一噌鍈二の長男。一噌正之助、藤田大五郎に師事。長男に隆之。

*31 **一噌又六郎**（一八七二—一九三八）一噌流笛方。十二世宗家。十一世一噌幸太郎の次男。一噌鍈二を養嗣子とした。

*32 **野村萬斎**（一八六二—一九三八）五世万造、隠居名初世萬斎、和泉流狂言方。明治十六年上京。長男万作に六世万蔵を継がせ、次男万介に三宅藤九郎を継がせ師家の再興を実現した。野村四郎の祖父。

ころしか関係がなくなっちゃいましたからね。狂言を継いでいる兄の萬や万作は親父の書いたものか、叔父の三宅藤九郎[*33]の書いたものを写してやっています。

シテ方のほうの謡本には「狂言しかじか」としか書いてない。狂言の言葉は書かずに「しかじか」ですませてしまう（笑）。観世流の謡本の大成版[*34]というのは、観世の座付き[*35]は鷺流[*36]だから、今は流儀がなくなったのに、鷺流の文言なんです。ですから和泉流でも大蔵流でも合わない。無意味なんです。でも、あれが発刊されたのが昭和十四年ですから。そのときにできた考え方ですから、たとえば大蔵流にしたのではまずいだろうし、和泉流にしたんでもまずいだろうし、こちらを立てればこちらが立たずみたいで、だからもうなくなった鷺流になってしまった。

山本　鷺流は観世の座付きだったですからね。そこが落としどころだったわけですね。

野村　同じく、大成版の謡本ではワキ方の文言は福王流になっており、ふだんはそれで稽古をしているのです[*37]。でも実際の舞台でのお相手はワキ方は下掛宝生流[*38]で慣れてますから、福王流[*39]より、宝生閑さんにお相手いただくことがずっと多かったのです。

山本　栗谷菊生[*40]さんが言ってらっしゃったんですけれど、ある地方の素謡会で『鉢木』のワキをやらされたんですって。そのときに、最後にワキの北条時頼が佐野常世の本領を安堵する語りが喜多流は「常世が本領佐野の庄三十余《よ》郷《ごう》返し与ふるところなり」という言葉なんですが、下宝生の言葉は「七百余町」で、これが耳に入っていて、「七百余郷を返し与ふる」と言って

＊33 **三宅藤九郎**（一九〇一—九〇） 和泉流狂言方。三宅藤九郎家九世。五世野村万造（初世萬斎）の次男。秘曲・稀曲の上演活動に対して芸術選奨文部大臣賞受賞。新作狂言も多数書いて上演。重要無形文化財各個認定（人間国宝）。長男和泉元秀、次男三宅右近。実兄が六世野村万蔵。

＊34 **大成版** 昭和十四年に刊行され十八年に完結した観世流大成版謡本。長年の間に差異の生じていた観世流の謡の統一を目標にして、観世流二十四世家元・観世左近元滋が能楽研究者たちと取り組み、現在まで使われている。

＊35 **座付き** 観世、金春、宝生、金剛、喜多の各座にワキ方、囃子方、狂言方の専属が決められていた制度による。室町時代にも緩やかにあったが、江戸時代に固定化、明治維新で解体した。

＊36 **鷺流** 狂言の流派で徳川家康によって観世流の座付狂言方となる。明治維新で能・狂言が危機に瀕した折、十九世宗家鷺権之丞で途絶え、有力な弟子家も能・狂言と歌舞伎の折衷のような吾妻能狂言に参加して能楽から離れ衰微した。現在では新潟県や山口県には、地方芸能として素人の手によりわずかにその名がある。

＊37 **大成版の謡本では……** 維新で座付制度がなくなると、素謡などではワキ方の役も大成版にかかれた座付であったワキ方福王流の詞章をシテ方が謡う。しかし実際の演能の折は、近年は東京では下掛宝生流が多く、詞章も異同があり折り合いを付ける必要があることも多い。

＊38 **下掛宝生流** ワキ方のうちではもっとも遅く、徳川綱吉による宝生流優遇策の一環として春藤流（金春流座付）より出て一家を成す。このため宝生流（宝生流を上掛という）シテ方の座付でありながら、金春流の影響を受けた下掛の芸風を残しており、これが「下掛宝生流」という名称の由来。

＊39 **福王流** 能のワキ方の流派で流祖は福王神右衛門盛忠（一五二一—一六〇六）。江戸時代は観世座の座付。京阪地方に地盤をもち、現在は福王茂十郎（一九四三—）が十六世宗家。明治以降名人を輩出。

＊40 **粟谷菊生**（一九二二—二〇〇六） 喜多流シテ方。粟谷益二郎の次男。父及び十四世喜多流宗家・

しまったそうです。

野村　じゃあ空っぽになっちゃった。

山本　そんな話をしておられましたけれども。どうしても耳に入って、慣れているから……。

野村　だから私らもあぶないです。ワキをやると下宝生の言葉になってしまう（笑）。

——能狂言の基本にある、歩く立つ、構えと運びということの基本の大切さの話がありました。それは天と地という、つまり立っているときにはグッと下にと引っぱられるような、そして歩くときには地を意識するということでしょうか。

野村　やっぱり宇宙の力ですね。下に引っ張る力と、それから上に引っ張られる、浮力と重力とが両方あって、それで腰が真ん中にある。それで腰を押していくような感じで歩いていくわけです。それが美しい姿ということです。

山本　それともう一つ、奥には「天地人」という考え方がありますね。大事なのは「天」と「地」で、そこに「人」はいるわけです。今は「天」も「地」もどこかへ行ってしまったといいますか、人間が偉くなりすぎたんでしょう。

野村　日ごろ思っているんですが、日本人の考えって、アインシュタインじゃないけれども相対性理論というか、相対的に考えることが多いんです。今も天地とか、東西とかって、必ず二つのものを一つと考えて、論理をつけていくんです。善悪とかね。そういう宇宙観というのがあるんじゃないかと思います。

山本　シテ方の「翁」は天から来る神で「天・地・人」と踏み、狂言方の「三番三」は人間の神として「人・天・地」と踏みます。

野村　結局は舞台の上に宇宙を作っているんです。それが「天地人」の考え方じゃないでしょうか。三角形の考え方です。天と地と人、それで三角形です。だから三角形に動くんです、目付柱*41のところが天。そして脇柱*42のところが地、最後に大小前《だいしょうまえ》*43が人でそれぞれ踏みます。それは天からはじまって地があって、その天と地の間に人間が育まれているということでしょうか。最後に人です。「翁」が最初と最後に舞台正面で深々と礼をするのは、将軍様を拝しているというふうに考えている人がほとんどですけれども、絶対に違う。あれは宇宙の世界です。北極星を拝んでいるんです。そういう考え方があるんですね。

喜多六平太能心、十五世喜多流宗家・喜多実に師事。兄に新太郎。芯の強さと情感の豊かさを兼ね備えた芸風。重要無形文化財各個認定（人間国宝）。息子が粟谷明生。

*41 **目付柱**　能舞台を客席から見て、正面前側左手の柱。面をつけての演技の目当てとなるので目付柱（見付柱とも）と呼ばれる。

*42 **脇柱**　能舞台を客席から見て、正面前側右手の柱。ワキ方がおおむねこの橋の柱の前に位置することが多いのでこの名（大臣柱とも）がある。

*43 **大小前**　能舞台の大鼓と小鼓の間の少し前の位置。

喜多流の粟谷能夫さんとそういう話をしました。あなたの流儀では「翁」が舞台正面に向かって祈るのは何に祈っているのかと聞いたら、北極だというのです。そうなんです、北極は宇宙の中心ですから。

それと、だいたい吉田神道[*44]の考え方というのが、江戸時代に能とか、それから相撲にも影響がある。だからつい最近までは横綱になると九州の吉田《よしだ》司家《つかさけ》[*45]へ行って、何か称号をいただいてきたでしょう、そんなことを聞いています。

山本　「御前掛《ごぜんかか》り」という特殊な演出があります。それは将軍や大名の前で演じるとき、『翁』で「翁」の役が舞台一番前にでて、その正面に向かって深々とお辞儀をするのと同じように、狂言でも貴人に対し辞儀をするというものです。しかしこれは本来は世俗の権力者に対してというより、やはり神とか天とか宇宙とかに対しての祈りが根本にはあると思います。

私は「三番三」は稲の精霊だと思っています。それで農耕を司るということは、天の恵み、地の育み、人間の努力というものがあると。五穀豊穣は結果として出てくる。

野村　踏み方は一緒です。みんな三足って決まっている。三つしか拍子を踏まない。それが神道の習わしですから。それはお祓いだって同じです。左右左ですから。ですから「サ・ユ・サ」、天は。地は逆に「ウ・サ・ウ」、それでまた人になったから、「サ・ユ・サ」と戻るんです。

山本　狂言の場合はもっとたくさん踏みますから。

野村　それはそうですね。

山本　「翁」は天照大御神ということになっていますから。ですから手をいっぱい開いて、ズーッと舞台を回るのは、太陽があまねく地を照らしてくれている恵みだと考えられます。

野村　そういう世界ですね。

山本　そのとき、「三番三」―稲の精霊は後見座にいて、あれは種が土中でじっと発芽の時を待っている姿だと思うんです。ですから「揉ミ出シ」（揉《もみ》ノ段《のだん》の始めに大鼓が激しく打つ手のこと）というのは、たぶん「籾出し」、殻から飛び出してくるところなんでしょう。

「三老曲」と「三老女」

――「披キ」ということについて、第一夜で若い時代の披キの話は伺いました。ここではもっと年功を積んでの披キについて、それぞれにお話を伺います。老女物を披くということまで含めると、

＊44　**吉田神道**　室町末期に吉田兼倶が大成した神道。儒教、仏教、道教の三教を枝、葉、花実として、古来からのかんながらの道を根本とする。卜部神道。

＊45　**吉田司家**　八百年以上の歴史を持つ相撲の司家。江戸時代から熊本藩につかえ熊本在住。現在では相撲との縁は切れている。

生涯に渡って披キがあるわけです。最初の『道成寺』を披くとか、「三番三」を披くとか、『花子』を披くとか、それは非常に大きな難関としてありますが、それだけじゃなくて、「披キ」ということがずっと生涯に渡ってあるということが大事なことだと思います。狂言の「三老曲」と能の「三老女」についての話をお聞きします。

山本　長嶋茂雄さんが還暦を迎えた時に、ある新聞記者が、「監督、還暦のご感想は」と尋ねたら、「何しろ初めてのことだからね」とおっしゃったんですけれど、これはすごく的を射てると思うんです。披キというのは「初めて」ということでしょう。老女物に至るまで生涯にわたって終わりがない方法を作ったというのは、すごいですよね。世阿弥の「命には終わりあり、能には果てあるべからず」ですね。目標がつねに先にあるんですね。

父から『枕物狂《まくらものぐるい》』の謡を教わったのは二十歳ぐらいの時で、こんなものは四十年、五十年してからやるものだと言われながら教わりました。父の教え方はすべてそうでした。「三老曲」全てその頃教わっています。狂言では恐ろしく生々しい内容であっても、謡によって生々しさを消す技があります。シテの祖父《おおじ》は「柿の本の紀僧正は染殿の后を恋いかね、賀茂の御手洗川へ身を投げ、青き鬼となってその本望を遂げらるる」という語りの後で、「祖父もこの恋叶わずは、いかなる井戸の中、溝の底へも身を投げ、青き鬼とはえ成らずとも、青き蛙ともならばやと思い定めて候」と謡い、さらに、「青き鬼」を「青き蛙」とかわします。これが狂言だと思います。能『姨捨』の悲劇性に比べると、『枕物狂』は百歳の老人にも新しい恋の心が巡ってきて希望と幸せがきざすでしょう。そんな優しさがある。

『比丘貞《びくさだ》』は、どのような出自か不明で、その上封建時代の女性でありながら、人徳があって名付け親になる。家族のような縁が結ばれて、孤独でなくなる、それは幸せなこと。

『庵《いおり》の梅』は、来年も梅が咲けば独りで庵に住む老女のもとにまた乙女子たちが来てくれる。「乙女子よ、またこそ来ませ木のもとに、またこそ来ませ木のもとの、庵の梅こそ久しけれ」という希望が残る。

野村　私が老女物の『関寺小町』をやった時に、父の『庵の梅』を思い出しました。これは同じ世界だと思いました。そして「かろみ」が必要だと思いましたね。

山本　戦後うちの舞台は見所（客席）を広くして、祖父の十七回忌の追善会をやったのですが、初番が観世華雪先生と橋岡久太郎先生の『猩々乱双之舞』*46、喜多六平太先生の『隅田川』、留メが野口兼資先生の『融《とおる》』、狂言が野村万蔵先生、三宅藤九郎先生の『宗論《しゅうろん》』、高井の伯父が『比丘貞』、父が『花子』という番組でした。その時の父の稽古に付き合わされたんですが、十五歳でしたが、『花子』の謡はなんと難しい節だろうと思いました。その時から、夏休みとか、

＊46 **『猩々乱双之舞』**　双之舞は『猩々乱』（作品解説二一〇頁参照）を二人で舞うという特殊演出。

冬休みになると、重い曲を教わるようになりました。

野村 これが先代の東次郎さんのすごいところです。

山本 父は私が二十七歳の時に亡くなったのですが、その時までに狂言から間狂言に至るまですべての曲の稽古をつけてくれていました。私は父が四十歳の時の子ですから、少しでも早く、少しでも多く稽古しておかなければと必死だったと思うんです。終始そんなことを言ってましたけれど、親というものはずっと存在するものだと思っていて、本気にしていなかったんです。ほんとうにいなくなってしまった時は愕然としましたけど、すべて稽古してもらっていたので、父の死は悲しかったけれど、舞台への不安はありませんでした。

『枕物狂』は五回いたしました。若い時には見えないものっていっぱいありましたし、それからどこか気負っているというか、大曲をやるんだという意識がありましたね。最初に『枕物狂』をやったのは伯父の高井則安が演るはずが、直前になって具合が悪くなってしまって、代役でやることになって、三十七歳でしたが、その時は習ったとおりのことを思いだしながら、位はこれで、謡はこういうふうな節でという、そんなことばかりだったんです。次にやったときは六十歳の時で気負いは少しなくなったんだけれど、それでもまだそんなことが中心だったんです。今はもうそんなことは何も考えませんし、自分の中に少女に恋するような気持ちがどっかにあるのかなといったことを思ったりしながら、あまりテクニックとか、そういうことにはこだわらなくなりました。

野村　前にもお話ししましたように、私は披キという言葉があんまり好きじゃない、正直言うと。それは、作者に無礼だよね。作者がこれは披キの曲だというふうに決めたわけじゃない。後世になって、政策的に、披キの曲と言って、それで珍重して、それでなにがしかを吸い上げるとか(笑)、簡単に言ったらね。そういうふうなことが、なきにしもあらずだったんじゃないか。江戸時代は披キの物なんかそんなにやらないでしょう。だからその後ですよ、披キ、披キって言うのは。昔はだいたい舞う人は決まっているんですから、観世流だったらですね。梅若はツレ家でしたから、シテはあまりやらない。その代わり「翁」というと「千歳」をやる。梅若さんは丹波の猿楽ですから。それを観世さんに吸収したわけでしょう。

山本　信長が梅若をひいきにしていたみたいですね。

野村　言い伝えでは禁裏で能『芦刈《あしかり》』を舞ってそれが非常に上出来だったので、「若」の字を天皇から拝領して梅若になったと。その前は梅津だったですね。

脱線しましたが、披キという言葉にはいろいろ歴史的な流れがあるのです。とは言っても、われわれにとっては披キというのは緊張の的でありまして、次はあれを披きたいという、まあ希望の星、目標でもあったことも確かです。今はこっちが提案をして、家元が許すという形です。私もまさか「三老女」を披くとは、夢にも思っていませんでしたけれど。

老女物と一口に言うけれど千差万別ですね。私は一番印象にあるのは『関寺小町』ですね。先ほどお話ししたように『関寺小町』は狂言の『庵の梅』に通じる。それはやっぱりかろみですね。能っていうと重苦しく重苦しくやるんです。私はちょっと違うような気がしている。軽みというものは、逆に重みよりむずかしいですね。

山本　『関寺小町』って本当に何もやるところがないですね。

野村　はい。

山本　『檜垣』は型どころがいっぱいありますよね。だから「三老女」と言ってもずいぶん違うなといつも思っているんです。

野村　ええ、違います。『姨捨』はちょっと位が違いますね、別格です。月光菩薩の世界ですから。

山本　でもふつうの人なんですね、主人公は。

野村　ええ、そうです。

山本　一般市民なんだけれど。でも違うんですね。

野村　『楢山節考《ならやまぶしこう》』ではないんだ。

山本　境地が違うんですね。

野村　『姨捨』は間狂言を聞くといいんです。間狂言の語りは面白いです。

山本　父は、『姨捨』は能で言わないことを間狂言で言ってしまうところに意味がある、残酷な内容だからあまり生々しくてはいけないし、それでいてちゃんと伝えなければいけないところがむずかしいんだという話はしていました。稽古されたのは二十五、六の時だったかな。寿夫さんにその話をしたら、「あれはシテの方は一切言わないことをあえてリアルな狂言の語りで聞かせることがすごく大事なんだと僕は思うよ」と言ってらっしゃいました。今おっしゃったのと同じことですね。『姨捨』もそうなのですが、語りが生になってはいけない。だからこそ、一つの声だけじゃいけないんです。

野村　そういうところが技術なんですね、芸はそこにあるんですね。

山本　生々しさをどう覆い隠すかということです。

野村　私は、老女ものでは『卒都婆小町』が一番好きです。「三老女」の前のいわば最初の関門と言われますが、これは憑き物の能で、古代的なものです。小町の和歌の世界より、丁々発止の会話の妙味があって、まさに観阿弥の世界です。これが大事だし、私は好きです。老女物の原点です。ここを通過するからこそ「三老女」の世界が見えてくる。

そのような意味でいうと、『卒都婆小町』、『**鸚鵡**《おうむ》**小町**《こまち》』、『姨捨』、『関寺小町』が現在能[*47]であ

＊47　**現在能**　亡霊が現れて過去を回想する劇構造の夢幻能にたいして、現在形で劇の時間が進行する

るのにたいして、『檜垣』は夢幻能[*48]として、最もドラマを秘めていますね。地獄の責め苦も厳しい。そして最後には水による浄化があります。私はこの地謡はぜひとも先代の銕之亟さんにと思い、お願いしていました。晩年の銕之亟さんの地謡は芯にドラマの強さを持ちながら、透明度、純度の高い境地でした。しかし残念ながら結局ご病気で叶いませんでした。これはいまだ心残りです。

それから舞囃子で『関寺小町』をやりました。これも忘れられないですね。この時、有史以来という書き方をされましたが、それまでやられなかったことですから、伝統に爪を立てることだと思う。私にとって新たな世界がひろがりました。長い時間をかけて培ってきた、芸の集積と、人生の集積が重なって出てくるもので、最後は人間性といいますか、芸は人となりということになると思います。

山本　そうだと私も思います。

伝統とは何か

山本　ところで今、たとえば「脇能の位」だとか、「三番目物の位」だとかなんてあまり言いませんね。

野村　言いませんね。「位」ということは、もう死語になりつつあります。

山本　かつてはおワキもお囃子方もアイも、皆それを知っていてやっていたんだけれど、今はもうそういった考え方が薄らいできてしまっています。

野村　位という言葉がもう死語になってしまった。私らはすべて位が違うとか、位がなってないとか、みんな位で事がすむくらいに、位という言葉を大事に使っていた。

山本　「脇能の位」というのはいいですよね。目出度さがあって流れが良くすっきりとしている。謡そのものも脇能と三番目物と切能では全く違うものに感じますね。でも今は位の意味がわからなくなってきて、単なるテンポの問題だというニュアンスで言う人もいますもの。

野村　そういうふうになってしまってはね。ただのテンポじゃない、ゆっくりやればいいってものじゃない。脇能はやっぱり違いますものね。

山本　だから脇能は戯曲としてはドラマティックではないんだけれど、なにか神域に入った

能。『安宅』や『鉢木』『隅田川』などの曲。

＊48　**夢幻能**　現在能が現実の生きている人による現在進行形の劇であるのに対し、神や亡霊、草木の精などが主人公（シテ）となる能。旅僧が名所旧跡を訪ねると霊や亡霊の化身が現れ、この地の由来を物語り、自分がその当人だと明かし供養を願って消える。後半、僧が供養するうちに在りし日の姿で現れた主人公が過去を再現したり、舞を舞ったりして消えていくという作品。世阿弥が完成させた能独自の劇構造。

ときの清々しさのようなものが能楽堂全体に広がるような作品に仕上げていたんだと思うんです。

野村　寿夫さんなども、若い人にまず、脇能の演技、そういったものがあって、そこから三番目のものができるようになるんだと言ってらした。世阿弥もそんなことを書いていますね。

山本　父が常々言っていたのは、それぞれの家が良い畑を持っている、そこに良い種が落ちるとしっかりと実りを生むんだということでした。それが今は土壌が痩せてきているから、良い種が落ちても育たない。たとえば「脇能の位」というような、信仰心を持って演じるべきものをじっくり醸成するような稽古の土壌が痩せてしまっている。親世代が若い人たちに、とかくやってくれればいいみたいになってくると、ますます困ったことになりますね。

いったん切れてしまったものを、また作り直すということはできないです。本来の土の力を取り戻すのは、ほとんど不可能に近いでしょう。舞台が〝結界〟であるなんていう言い方も、これも死語に近いでしょうけれど、私らの子どもの頃、名人上手と言われる人たちでも、舞台に出るときは震えている方もいらっしゃいましたものね。ところが今の若い人たちは畏れを知らないから、舞台は自分の自由になる空間だって思ってる人がたくさんいるでしょう。

野村　これはどうすべきでしょうかね。そのためにもこういう話を残しておかなければいけないと思いますね。本当にこの数十年の能界を見ているだけで、お囃子方にしても、シテ方にしても昔のいわゆる名人と上手といわれるような芸が無くなっています。お囃子にしても、若いうちは流儀の決まり、教えを厳しく守るので、主張だけが際立つことになるのかもしれませんが、掛け声にしても、楽器の音にしても騒がしいだけでは駄目で、練れたものにならなければと思います。

静御前が吉野で捕えられて鎌倉の八幡宮で、頼朝の前で、白拍子舞を舞ったときの話がありますね。その時に工藤祐経が気合いをいれて鼓を打った。責め鼓ですね。そしたら静御前が本当に舞えなくなってしまったという、それで涙を流したっていう逸話があるじゃないですか。ああいう世界というのはあります。あれは『道成寺』の乱拍子とつながると思います。白拍子の乱拍子とはつながっていると私は思っています。横道萬里雄[*49]先生が足踏み舞という言葉を作られた。足踏みの舞。乱拍子の気合の強さであって、声が乱暴になることではないのです。「三番叟」だって、亀井俊雄先生の練れた掛け声で気合もこもっている、そのあいだに幸祥光先生が間良く打ち込まれる。実にさわやかでしたよね。掛け声も、音そのものも、間合いも全て「三番叟」の世界に適っていました。

＊49　**横道萬里雄**（一九一六―二〇一二）　能の研究者。戦後の能の研究を実技への深い理解の上で推進し、牽引した。自ら演出も手がけた。また斬新な技法がこめられた新作能『鷹姫』を書いた。楽劇学会を創始しその会長を勤めた。文化功労者。

囃子というものは謡を囃しシテの演技を支える大事なものです。その意味でも、私は交響するものでなければと思っています。自己主張ではなく、シテの謡や演技、地謡などと互いに響き合い、能の世界を創っていくものだと思います。それがともすれば一方通行になってしまう。これだと能の世界は豊かになりません。

だからそういうことに若い人たちが気がついてくれるようなことを話し、伝えたいと思いますね。自分の課題に気づいてほしいと思います。

山本　能・狂言の芸というのは、やはり死ぬまで何か追い求めていくようなものじゃないといけないと思うんです。

野村　永遠に未完成なんだとかね。そういう自分の信念をもって完成を求めて勉強するとかね。古典というとただ古くて完成されたというイメージになる。私は伝統という言葉が大好きです。

山本　『源氏物語』とか『万葉集』とか、そういうものは古典としてもう動かないんですから。我々の方はそうですよね。伝統ですよね。

野村　伝統というのは要するに過去、現在、未来です。この全部が集まって、過去も現在も未来も集まって伝統になる。これが伝統の定義だ。これは東次郎さんも賛成してくれると思いますよ。これは、絶対自信を持って言いたい。

山本　書物と違って、生きてるんですよね。

野村　そう、生きてるということなんですよ。東次郎さんも、私もそれぞれに伝統という荷物を背負って生きている。とりわけ東次郎さんは代々の狂言の大きなものを背負っていま歩いてます。それで、未来へ向かっていきます。前のものを背負いながら現代を生きて、次の世代にも受け渡していこうと。

伝統というものは今を生きるということですからね。役者はみんなそれをやってるわけですよ。東次郎さんにとってもお父様のものを受け取ってそれを渡していく。

山本　習い覚えてきて身についたもの、それはある意味預かりものなんですよ、祖先からの。習ってきたものを先人に恥じないようにやらなきゃいけないというのが、どこかにないといけないんだと思ってるんです。家の舞台で稽古していると父や祖父の眼がいつもあるような気がして否応無しに追い込まれていくんですね。この気持ちは若い頃もなかったわけではないけれど、年を重ねるに従って強くなっていくように思っています。

――八世の三津五郎さんから聞いた話です。六代目尾上菊五郎という人は一世を風靡した大名人であり、歌舞伎を近代化したとも言われる俳優です。その相手役だったのが七世の坂東三津五郎さん、背が低くて地味な方でしたが踊りの名手と言われた。そのお二人が一緒に舞踊をやってると、当時の歌舞伎のお客さんの中には、本気で芸を追っかけてこない人もいるわけです。そうすると六代目は名人気質ですから、気を抜いた舞台をすることもある。息子の八世三津五郎さんが、「六代目があんな風に気を抜いて踊ってると、やりづらいでしょう」と聞いたそうです。七代目さんの答えは、「六代目は、お客が気に入らないと気を抜くんだよ。だけどね、俺は気が抜けないんだ。俺には九代目団十郎[*50]と四世芝翫[*51]という俺を仕込んでくれた眼があるから、気が抜けないんだよ」と。先程の東次郎さんのお話は、まさにそれですね。

野村　だけど六代目というのは、私はそういうふうに思わないです。客に対して気を抜く。そういうことを言う人がいっぱいいます。その気を抜いた芸というのはね、実は質が違うんですよ。軽みの芸なんですよ、私から言わせれば。私は六代目の大ファンですから。

山本　ただ、例えば『**義経千本桜**』の狐忠信の欄干渡りなんかね、ただ鮮やかにぱっと渡ってしまっても観客は誰も感心しないんですって。ところがぽんと乗った後、落っこちそうになって、そこでぱんと立て直してさーっと行くと、「さすが六代目」と観客が湧く。そういう計算はちゃんとされていた。ところが父は、そんなことはやるんじゃないと。鮮やかにやるのが当たり前なんで、体操の超難度のものに挑戦するぐらいのわざを持てと言われましたね。

野村　それはそのとおりだね。わざありだよ。それがいまだに東次郎さんに生きてる。だから私らは、「仏法僧」とは言わない、「能技役《のうぎえん》」だよ。

山本　え、それはどういうことですか。

野村　「仏法僧」というのが仏教の修行の言葉ですよね。三宝ともいって仏教にとって大切なもので、一つは悟りの体現者である仏、二つは仏の教えを集めた法、三つ目が仏の教えを学び生きる僧のことです。「能技役」はこれをもじったんです。能役者にとっての三宝は、まず能という芸能の全体をよく知ること、二つは法に相当する技―技術という具体的な教え、そして三つ目が役の性根を深く理解すること、この三つが合わさることで優れた能になる。だから「能技役」。役《えん》の行者《ぎょうじゃ》という意味もかけています。

山本　これは心技体ともつながってくる。

野村　そうです。自分で考えました。今日は六代目さんの話がよく出ます。私が六代目が好きなのは、ある時テレビで羽左衛門[*52]さんが六代目の話をしたんです。そこで感動したんです。

＊50　**九代目市川団十郎**（一八三八―一九〇三）　歌舞伎役者。七代目団十郎の五男。明治を代表する役者として五代目菊五郎、初代市川左団次とともに「団菊左時代」を築く。歌舞伎に時代考証も取り入れ近代化にも努めた。天覧歌舞伎を実現するなど歌舞伎の地位向上に努め、後継者も多く育てた。

＊51　**四代目中村芝翫**（一八三一―一九九）　歌舞伎役者。二代目芝翫（四代目中村歌右衛門）の養子。美貌で何より所作事に秀でていた。「大芝翫」と呼ばれる。

＊52　**十七代市村羽左衛門**（一九一六―二〇〇一）　歌舞伎役者。六代目坂東彦三郎の子。五代目尾上菊五郎の孫で六代目尾上菊五郎の甥。堅実な芸風で歌舞伎の生き字引といわれた。重要無形文化財各個認定（人間国宝）。日本芸術院会員。文化功労者。

六代目の教育はね、難しいからやるな、じゃない。難しいからやらせねえ、そういう教育じゃなくて、やって難しさを知れということ。その言葉に私はそのとおりだと感心しました。それ以来、六代目は私の神様になりました。

能の世界は、やるな、やるな、なんですよ。おまえなんかやめなよと。

山本 今の話と、ちょっとずれるかもしれませんけど。松本長先生が若い頃の話ですが、関西で催しがあった時、宝生九郎先生が長先生を連れて金剛さんに面を拝借に行ったら、金剛巌先生がどうぞお使いくださいと特別に良い面を出して下さったそうなんです。けれども九郎先生はその面をじっとご覧になって「長にはこの面は無理ですので、もう一つ下のものを」とおっしゃったというんです。今と反対の話ですけど、そういうこともある。何というのかな、画然とした何かをつくるということも、次への指導の過程としては大事なことだと思う。でもね、あれほどの方でしたし、名人九郎先生のお頼みだから特別の面をお出しになったんだろうけども。

野村 それは、指導者の人を見る眼が。

山本 素敵ですね。いい話だと思います。

野村 私は、先代のお家元から同じような体験をしたことがあります。「私、ちょっと調子が悪いんで」と辞退したんですが「いや、これを使ってみろ」と言って使わせて頂いた面があります。

山本 うれしかったでしょう。

野村　『鉄輪《かなわ》』の前シテに「これ使ってみろ」と出された面なんです。

山本　何だったんですか。

野村　河内の「泥眼《でいがん》」。*53 私はまた調子が悪くてね。いや、もったいないと。観世流宗家の面で何が欲しいといったら、私は河内の「泥眼」がいただきたいと先代のお家元に言いました。そしたら「へえ、四郎らしいな」なんておっしゃって。そのぐらいに、私は大好きな面です。どこの家にもありません。いうならば『定家』に使える「泥眼」です。品格、奥行き。明治の初期。観世清孝家元の書物には、下にては「痩女《やせおんな》」、*54 当流にては「深井《ふかい》」*55 と書いてその後に「泥眼」とも書いてある。

山本　それは、『鉄輪』ですか。

野村　『鉄輪』じゃなくて、『定家』。

---

*53　**河内の泥眼**　安土桃山時代から江戸時代初期にかけての能面作家の河内大掾家重（一五八一―一六五七）で天下一河内の焼印を用いる。近江井関家四代目。色彩に優れ、数々の名品を打った。泥眼は女面で白目の部分に金泥を入れているので妖気や嫉妬を内に秘めた役に用いる。『鉄輪』の前シテや『葵上』の前シテ六条御息所の生霊、『定家』の後シテ式子内親王の亡霊など。

*54　**痩女**　地獄、冥途から現れてくる女性の面。頬がこけ痩せ衰えた造形。死相を写したともいわれる。『求塚』『砧』『定家』などに使用。男性の造形は痩男と呼ばれる。

*55　**深井**　やや年輪を重ねた女性に使う面。

山本 下掛りでは「瘦女」。

野村 下掛りでは「瘦女」、当流にては「深井」と「泥眼」も書いている。

山本 決まってなかったんですね。

野村 決まってなかったというよりは、河内の「泥眼」には『定家』に使える品位があるんです。それでこの「泥眼」なら使えると思って付け加えたんだろうと思います。河内が打った「泥眼」がなぜすごいかというと、河内の時代の面打ちは、大体が十四世紀とか、室町時代の本面を模写します。その時代は書き上げといっていつも政府に自分の財産も財産登録するんです。そのときに、今まであった夜叉《やしゃ》[*56]の「泥眼」がなくなっていたんです。それをつくれと河内が命じられたわけです。模写ではなく打つのですから、命がけです。その面です。河内はうまいですよ。観世流は河内系の芸風。宝生流は是閑《ぜかん》[*57]風、彫刻的。ところが河内は絵画的です。それが観世流と宝生流の芸風の違いだと思います。

---

*56 **夜叉** 世阿弥の『申楽談儀』に名前が上っている能面以前の古い形態である翁面の作者として、日光、弥勒。鬼の面の上手の赤鶴、女面の上手の愛智ほか、石王兵衛、竜右衛門、夜叉、文蔵、小牛、徳若、千種らの名が記されている。半ば伝説的な時代とも考えられている。

*57 **是閑**（一五二六？—一六一六） 出目是閑吉満。面打。「天下一」の称号を、秀吉から賜っている。骨格のきっかりした、彫刻性に富んだ能面打。

書名		読者カード

●本書のご感想および今後の出版へのご意見・ご希望など、お書きください。
（小社PR誌『機』に「読者の声」として掲載させて戴く場合もございます。）

■本書をお求めの動機。広告・書評には新聞・雑誌名もお書き添えください。
□店頭でみて　□広告　□書評・紹介記事　□その他
□小社の案内で　（　）　（　）　（　）

■ご購読の新聞・雑誌名

■小社の出版案内を送って欲しい友人・知人のお名前・ご住所

お名前	ご住所 〒

□購入申込書（小社刊行物のご注文にご利用ください。その際書店名を必ずご記入ください。）

書名　冊	書名　冊
書名　冊	書名　冊

ご指定書店名	住所
	都道府県　市区郡町

郵便はがき

料金受取人払

牛込局承認

6015

差出有効期間
平成32年4月
24日まで

162-8790

東京都新宿区
早稲田鶴巻町五二三番地

株式会社 藤原書店 行

（受取人）

ご購入ありがとうございました。このカードは小社の今後の刊行計画および新刊等のご案内の資料といたします。ご記入のうえ、ご投函ください。

お名前	年齢
ご住所 〒 TEL　E-mail	
ご職業（または学校・学年、できるだけくわしくお書き下さい）	
所属グループ・団体名　連絡先	
本書をお買い求めの書店 市区郡町　書店	■新刊案内のご希望 □ある □ない ■図書目録のご希望 □ある □ない ■小社主催の催し物案内のご希望 □ある □ない

第三夜

二〇一七年四月五日
於　銕仙会能楽研修所

本日は第三夜になります。

ここは銕仙会の能舞台で現在の正式名称は銕仙会能楽研修所です。この舞台はもと二子多摩川園にあった東急の五島家の能舞台です。戦災で西町の能舞台を焼けだされた銕之丞家はこの多摩川の舞台に仮寓します。そして戦後すぐにはこの多摩川の舞台で招待能を催し、戦災で都内の能舞台がほとんど焼けた中で能公演を持続しました。やがて昭和三十年にこの舞台を青山に移築、昭和三十一年舞台披キをして以来、この青山の舞台で、稽古と能狂言の普及のための公演活動をしています。野村四郎さんが深夜の稽古を寿夫さんから受けたのも、東次郎さんと四郎さんのお二人が横道萬里雄作の新作能**『鷹姫』**にコロス（動く地謡）として出演し、稽古したのもこの舞台でした。

銕之丞家は江戸中期に観世流十五世宗家観世元章[*1]が弟観世清尚[*2]に別家させて成立。以降は

＊1 **観世元章**（一七二二―七四）十五世観世流宗家。十四世観世織部清親の長男。九代将軍徳川家重、十代将軍家治の能指南役であり、将軍に寵愛された。弟の織部清尚が分家を認められ銕之丞家の初世となる。国学をよくし、その観点から詞章をはじめ、演出に至るまで大改革をした明和改正本を発行した。その改変が甚しく、強い復古調であったこともあり間もなく廃止。しかしこの改革での追加演目や小書演出（特殊演出）は今日でも観世流の多彩な表現に寄与している。

＊2 **観世清尚**（一七二七―八二）十七世観世流宗家。十五世観世流宗家・観世元章の弟。銕之丞家の初世となり、四座一流に次ぐ地位を認められ幕府の演能に出演する資格を得る。甥である十六世・章学《あきのり》に嗣子がなかったことから宗家に戻り十七世となる。長男に十八世観世流宗家・観世清允、次男に観世織部清興（銕之丞家二世、後に十九世観世流宗家）。

四座一流の家元並みに扱われ、現在、観世流において「分家」といえば銕之丞家を指し、演能団体として銕仙会が公演活動をしています。

『わらんべ草』の芸論

――さて、本日は河竹繁俊さんが編んだ『芸道名言辞典』を持参しました。これは河竹繁俊さんの最後の仕事で未完成で亡くなられたのを、ご子息の登志夫さん[*3]が引き継いで完成させた、日本の伝統的な芸能の世界の名人上手の教えを集め解説を添えた芸能の辞典です。

野村 私の座右の書です。このなかに大蔵虎明の『わらんべ草』の有名な芸論が引用されています。

――**「能と狂言は、虚、実、法を弁え、体を立て、素直に、面白く、しほらしく、魂を入、見事にするを元とす。世話に下手の能は狂言になり、下手の狂言は能になると、これ金言なり」**。(『わらんべ草』)

山本 子供の時から父にさんざん聞かされていて、自分で『わらんべ草』を読む前にそこのところはすっかり覚えてしまっていました。

野村　「下手の能は狂言になり、下手の狂言は能になる」この言葉は父の万蔵もしょっちゅう言っていましたね。

――「**能は、虚を実にし、狂言は、実を虚にするなり。能は表、狂言は裏なり。互い知らずんばあしかるべし。狂言は、真なることをおかしくして、じゃけら**（邪気乱――とりとめもなくつまらないこと）**なることを真にすべし。これ上手なり**」。（『わらんべ草』）

野村　それでこの『わらんべ草』が忘れられないのは、大岡信[*4]先生が『朝日新聞』の「折々

＊3　**河竹登志夫**（一九二四―二〇一三）　比較演劇学者。河竹繁俊の次男。河竹黙阿弥の曾孫。日本演劇楽会、日本演劇協会会長を歴任。文化功労者。父の最後の仕事『芸道名言辞典』を引き継ぎ完成させた。

＊4　**大岡信**（一九三一―二〇一七）　詩人。評論家。父は歌人の大岡博。現代詩人として実作、評論、さらに連詩と幅広くその世界を押し広げた。一九七九年から二〇〇七年まで『朝日新聞』に「折々のうた」を連載、詩歌の読者の裾野を広げた。美術家や音楽家、演劇人との共同作業も多くした。銕仙会で「銕仙朗読会」を谷川俊太郎と企画運営をし、現代詩人と能狂言の役者も参加した。文化勲章受章。妻は劇作家深瀬サキ、息子に作家大岡玲。娘に詩人・美術家大岡亜紀。

のうた」で取り上げた俳句に、松本たかし[*5]さんの「大佛の俯向《うつむ》き在《おわ》す春日かな」が取り上げられていました。松本長さんの長男で、高浜虚子[*6]の弟子になった方です。それには「のどかな春の日、鎌倉の大仏を見上げての句」と書かれ、さらに「昔は剣術修行の心得として、真直棒立ちの姿勢は『仏立ち』といって嫌われた。少し俯向き加減なのがよいのである。俯向く姿勢は『かかる』と言って『生身《いきみ》』とされ、逆の『のく』は『死身《しにみ》』とされた。能狂言の稽古でも大切な心構えだった。」と大岡信先生が、生き身、死に身という言葉を使って書かれていました。それが心に残っていて、先代の観世銕之亟さんのお祝いの会の時に、大岡信先生が見えていて、「このあいだ『折々のうた』で能狂言の稽古でも大切な心構えであると書かれていますが、あれはどなたの伝書ですか、世阿弥ではないと思うんですけれども」とお聞きしたんです、そしたら「さあどうだったかね」とおっしゃられた。それで私も調べたんです。八方尽くして調べました。それを笠井さんが見つけ出してくれた。父が良く言っていたところに前後して、「まつすぐなたち身は、仏だちとてきらふ、少うつむきたるかたよし、まえへうつむくをかかると云、あをのくを、のくと云、てるとも云。かかるは生き身、のくは死に身成」という文章がありました。

山本　松本たかしさんは松本恵雄さんのお兄さんです。身体が弱くて能から俳句の方にいった方で、俳人としての評価の高い方です。

野村　『獅子の座[*7]』、私ら観ましたね。あの原作が松本たかしさんでしょう。まだ十七、八歳頃でしたかね。明治の名人宝生九郎の子供のころの幼名石之助。雷が怖くてね。寒稽古なんて頭に水おけのせて歩くんだよ、そういう寒稽古だったね、たしか。石之助が子方で今も現役で役者やっている……。

山本　津川雅彦[*8]さん。

野村　そうそう、父親の宝生太夫が長谷川一夫[*9]だったかな。それで茂山忠三郎[*10]さんが出てい

＊5　**松本たかし**（一九〇六―五六）　俳人。宝生流シテ方松本長の長男。弟に恵雄。病弱で能楽師を断念。高浜虚子の門下となる。宝生九郎知栄の伝記小説『初神鳴』を書く。

＊6　**高浜虚子**（一八七四―一九五九）　俳人。正岡子規に師事。『ホトトギス』主宰。松山藩士池内政忠の五男。兄に能楽の振興に尽力した池内信嘉がいる。多くの門下を育てた。能楽師にも松本長、近藤乾三、野村万蔵をはじめ弟子が多くいた。文化勲章受章。

＊7　**『獅子の座』**　宝生九郎知栄の伝記小説『初神鳴』を一九五三年に伊藤大輔監督が大映で映画化、そのタイトル。一世一代の勧進能に親子で『石橋連獅子』を舞う宝生太夫とその息子石之助（後の九郎知栄）。そのための厳しい稽古があり、さらに当日雷雨となり、石之助は雷の恐怖から楽屋を逃げ出すが見つけ出され無事舞い終え、父子の絆を深める。

＊8　**津川雅彦**（一九四〇―二〇一八）　俳優。沢村国太郎の息子。兄に長門裕之。『獅子の座』出演は本名の加藤雅彦。

＊9　**長谷川一夫**（一九〇八―八四）　俳優。初代中村鴈治郎の弟子から松竹映画に入り二枚目時代劇スターとして一世を風靡した。その後東宝、大映と移り、舞台やテレビでも活躍した。俳優として初めて国民栄誉賞を受賞。

てね。

山本　忠三郎さんが幕に入ってきたところで、「石之助はまだか」という台詞を言ったら、それを能楽協会で問題にされてしまった。台詞があるということは、役者じゃないかというので、大問題になったんです、たった一言の台詞が。

野村　幕に入ったところで、幕上げの弟子に聞くんですね。そうそう。

山本　映画の中で狂言をやるのはいい。それは劇中劇みたいなものだから。けれども、「石之助はまだか」という台詞は狂言ではない、演技であると。そういうところから能・狂言が崩れるんだっていうことで、大問題になったんです。忠三郎さんはそのぐらいならいいだろうということでお引き受けになってやったんでしょうけれど。私は子供の時ですから、父からいろいろ制限されていますでしょう。この映画は観ていいという、許しを貰って観た映画でした。何しろ、あれはだめ、これはだめといちいちうるさかったです。

野村　山本家はよそとは違うもの。特別です。我々は自由というか、野育ちです（笑）。

山本　他のジャンルの芝居を観てはいけないって、歌舞伎も新劇も新国劇も新派も……。それから落語なんかもだめだと。落語にはリズムがあるでしょう。そういうのがどこかに入ってきてしまうと。増田正造[*11]さんに、まさに純粋培養だと言われました。二十歳ぐらいまではそんなでした。私は落語が好きで、たまたま寄席の「鈴本」の支配人の息子が同級生だったので、中間試験や期末試験で学校が早く終わった時なんか「鈴本」へ行って、三木助[*12]や志ん生[*13]や圓生[*14]を見てたんです。父親の考え方では歌舞伎には歌舞伎のリズムや間があって、己の芸が固まってない我々に悪い影響があることを懸念していたのだと思います。だけどいい音楽は聞けということと、それから絵や彫刻は見ろと言ってましたね。

野村 私らは兄弟で歌舞伎観たり、父はそういうことは、諫めませんでした。山本家が特別なんです。そういうものが能界の平均的な考え方じゃない。

山本 観世静夫さんのところに行くと、奥の勉強部屋に歌舞伎のパンフレットが山のように積んであって、今月は何を観てきたとか言って自慢してね。で、真似して見せてくれるんです

＊10 （前々頁）**茂山忠三郎**（一八九五―一九五九）三世茂山忠三郎。二世忠三郎の次男。兄が善竹弥五郎。息子が四世忠三郎。

＊11 **増田正造**（一九三〇―）能楽研究者。武蔵野大学名誉教授。観世寿夫記念法政大学能楽賞受賞。

＊12 **三代目桂三木助**（一九〇二―六一）落語家。六代目春風亭柳橋、二代目桂三木助に師事。「芝浜」を得意とした。息子に四代目三木助。孫に五代目三木助。

＊13 **五代目古今亭志ん生**（一八九〇―一九七三）落語家。二代目三遊亭小圓朝、四代目古今亭志ん生に師事。昭和を代表する落語家。天衣無縫の芸と言われた。長男が十代目金原亭馬生、次男が三代目古今亭志ん朝。紫綬褒章受章。

＊14 **六代目三遊亭圓生**（一九〇〇―七九）落語家。四代目橘屋圓蔵に師事。志ん生と並ぶ昭和の名人で、芸の幅も広く、持ちネタも多かった。勲四等瑞宝章受章。

よ。寿夫さんは歌舞伎はあまりお好きじゃなかったけれど、静夫さんと栄夫さんはお好きでしたね。とくに静夫さんはお好きでしたね。

野村　とくに下町、西町に住んでいれば、やっぱり風情が違うからね。

山本　静夫さんの暁星の友だちが、萬屋錦之介[*15]（当時中村錦之助）さんだったりですものね……。

野村　役者の子どもはみんな暁星だ。あそこだと非常に自由だし、舞台優先。フランス語も教えてくれるし。

山本　私は牛込の若松町の成城高校でした。校長先生が喜多流の謡の稽古をしていたので、喜多流の方が多くて、栗谷新太郎[*16]さん、菊生さん、友枝昭世[*17]さん、塩津哲生[*18]さん、香川清嗣[*19]さん、大島政允[*20]さん、あと寺井基晃[*21]さんが先輩だったんです。

野村　寺井もっちゃん。彼はすごく早くに亡くなってね。寺井基晃さんと、若松健史[*22]さんの二人が青山の銕仙会の内弟子にいたんです。寺井さんが先輩でした。その二人が『**小袖曽我**《こそでそが》』をやりました。そのときに先輩の関根祥六さんと私で、鬼王、団三郎で出演したんです。それが銕仙会に出た最初です。

山本　基晃さんは蓄膿症を手術して、麻酔が醒めなくて、そのまま亡くなられた。お笛の寺井政数さんのご長男です。

野村　気の毒だったね。寿夫さんがすごくそれを残念がってましたね、もっちゃんは観世寿夫に入門したんですから。

＊15　**萬屋錦之介**（一九三二―九七）　歌舞伎役者。三代目中村時蔵の息子。歌舞伎俳優の一家に生まれる。中村錦之介の名で歌舞伎から映画に映り時代劇の大スターとなる。八世観世銕之亟（静夫）とは暁星時代からの親友。

＊16　**粟谷新太郎**（一九一九―九九）　喜多流シテ方。粟谷益二郎の長男。父及び十四世喜多流宗家・喜多六平太能心、十五世喜多流宗家・喜多実に師事。芯の強い豪放な芸風。芸術選奨文部大臣賞受賞。紫綬褒章受章。息子に能夫。弟に菊生。

＊17　**友枝昭世**（一九四〇―）　喜多流シテ方。友枝喜久夫の長男。十五世喜多流宗家・喜多実に師事。重要無形文化財各個認定（人間国宝）。日本芸術院会員。

＊18　**塩津哲生**（一九四五―）　喜多流シテ方。塩津清人の長男。十五世喜多流宗家・喜多実に師事。芸術選奨文部大臣賞受賞。観世寿夫記念法政大学能楽賞受賞。紫綬褒章受章。息子に圭介。

＊19　**香川靖嗣**（一九四四―）　喜多流シテ方。香川登太郎の長男。十五世喜多流宗家・喜多実に師事。観世寿夫記念法政大学能楽賞受賞。日本芸術院賞受賞。

＊20　**大島政允**（一九四二―）　喜多流シテ方。大島久見の養嗣子。広島在住。十五世喜多流宗家・喜多実に師事。長女衣恵、長男輝久。

＊21　**寺井基晃**（一九三四―五五）　観世流シテ方。森田流笛方寺井政数の長男。観世寿夫に師事。二十一歳の折、手術の麻酔ショックで急死。

＊22　**若松健史**（一九三五―二〇一〇）　観世流シテ方。銕仙会所属。若松宏守の長男。観世雅雪、寿夫に師事。

異流共演と様々な新しい流れ

――先程の映画『獅子の座』の話のように能楽協会が非常に厳しかった時代に、異流共演をさらに超え、シテ方、ワキ方、狂言方の区分も超えた新作能『鷹姫』はその象徴であり、画期的でした。その仕事にお二人は大きな刺激と影響を受けられました。その前にお父様の東次郎さんと、同じく四郎さんのお父様万蔵さんが異流狂言で『武悪』をやられて大きな注目をあつめました。それは抵抗はあまりなかったんですか。

山本　異流共演というのは、戦前も能の方ではあったのでしょう。

野村　西側からはじまってるんです。戦後では京都の片山博通[*23]さんの建礼門院で『大原御幸《おはらごこう》』が上演された時に、金剛巌さんが後白河法皇をやられました。

山本　父はそういうことにたいしてはうるさい方だと思っていましたが、万蔵先生とのお話が来たときはあっさり引き受けました。互いに同年齢で認めあっていたということがあると思います。でも能楽協会からクレームがきました。

野村　父が劇作家の飯沢匡[*24]さんが聞き手になって話をして、それが本になっています。平凡社刊の『能と狂言の世界――五人の人間国宝に聞く』の中で、父は異流狂言のことで「私の子供の頃は山本東次郎（三世）とやらされたりしている。叱ったような人間は混流でやった時代のことを知らない、ただ興行的なものを狙ってやっているんじゃなくて、昔の真剣な緊張した舞台を思い出して、それをもう一度やってみたいと思った」といったことを話しています。

山本　「冠者会」という、萬さん（当時は万之丞）と万作さん主催の会があったんです。それで相談に来られた。万蔵先生は父とはそんな仲ですから、嬉しそうに引き受けました。武悪が父で、主を万蔵先生。で、太郎冠者は万作さんがなさったんです。あとで伺ったら太郎冠者を誰にするかと兄弟でじゃんけんしたんですって。私はてっきり、萬さんはどんと構えて、俺は嫌だよと言ったんだと思っていた。最近ですけど萬さんに伺ったら「違うよ、あいつがじゃんけんで勝ったんだ。俺もやりたかったんだ」と。

野村　それは知らなかった。

＊23　**片山博通**（一九〇七―六三）　観世流シテ方。七世片山九郎右衛門の次男。一九二八年雑誌『観世』創刊、京都観世会館を落成。文筆にも優れ新作能、新作狂言も書いた。妻は四世井上八千代。長男九世片山九郎右衛門（幽雪）、次男慶次郎、三男杉浦元三郎。

＊24　**飯沢匡**（一九〇九―九四）　劇作家・演出家。政治風刺劇、喜劇に優れた作品を残す。フランス中世の喜劇を翻案した新作狂言『濯ぎ川』は茂山家のレパートリーになっている。著書に『飯沢匡喜劇全集』など多数。日本芸術院会員。

山本　かなり評判になりましたよね。それで何年かたって、善竹弥五郎[*25]さんとうちの父が入れかわって、またやったんです。

野村　そうそう。

山本　それで能楽協会には事後に一札を入れて詫びたそうですよ、形式だけ。

野村　うちの父なんかは、息子たちが新しいものをどんどんやるようになるでしょう。あれに対してもそんなにクレームはつけないですね。どっちかというと、応援はしないけれども、知らぬ顔で、なにかプラスになるだろうぐらいの気持ちはあったんじゃないですか。そうじゃなかったら知らん顔はできないですね。

山本　武智さんのお仕事で中村富十郎[*26]武智鉄二さんなんかといろいろやっている時代ですよね。茂山千五郎さんと千之丞さんが出演されるということで能楽協会で大騒動になったこともありました。千之丞さんは能楽協会を辞めても出演するという覚悟でやって……。そうしたらお父様の千作さんが息子たちだけでなく、自分もいっしょに辞めますとおっしゃって、そうなるとこれは狂言方の問題だからということで、大蔵流の家元の大蔵彌太郎[*28]さんにその問題の収拾を預けたんですが、結局うやむやになってしまいました。父はその時には亡くなっていましたけど、父がいたら「どうしてもやるなら、そちらの世界でやればいいので、狂言はやってくれるな」ぐらいのことを言ったんじゃないでしょうか（笑）。

——それがだんだん変わってきたということでしょうか。おなじく武智演出で寿夫さんと万作さんが現代音楽のシェーンベルク『**月に憑かれたピエロ**』をタイツをはいて円形劇場でやったのが昭和三十年ですね。抵抗はなかったのでしょうか。

野村　それは抵抗あるでしょうね。派手にやっていたのは茂山千五郎さんとか、千之丞さんでしたね、武智さんとも近かったのでしょうし。

山本　千之丞さんは、反骨精神の方ですから、あの方は意図的になさってました。

＊25　**善竹弥五郎**（一八八三―一九六五）　大蔵流狂言方。二世茂山忠三郎の養嗣子。金春信高より善竹の名を贈られ一家を上げ改名。狂言方として初めて重要無形文化財各個認定（人間国宝）となる。長男忠一郎、二男二十四世大蔵彌右衛門、三男玄三郎、四男幸四郎、五男圭五郎いずれも狂言師となる。

＊26　**中村富十郎**（一九二九―二〇一一）　歌舞伎役者。父は四代目中村富十郎、母は吾妻徳穂。二世尾上松緑に師事、大阪時代には武智歌舞伎に参加した。兼ねる役者であり、舞踊も名手であった。日本芸術院会員、重要無形文化財各個認定（人間国宝）。文化功労者。

＊27　**市川猿之助**（一九三九―）　歌舞伎役者。三代目猿之助を経て二代目猿翁。三代目市川段四郎の長男。「歌舞伎の異端児」と呼ばれながら、ケレンの復活や「スーパー歌舞伎」を創りあげた功績は大きい。

＊28　**大藏彌太郎**（一九一二―二〇〇四）　大蔵流狂言方。二十四世大蔵流宗家。大蔵彌右衛門虎智。善竹弥五郎の次男。父及び祖父二世茂山忠三郎に師事。芸術祭大賞受賞。大蔵会を主宰。長男に彌太郎、次男に吉次郎がいる。

野村　万代峰子[*29]さんという女優さんと共演したりね。狂言『**茶子味梅**《ちゃさんばい》』をもとにした『**東は東**』、それから新橋演舞場での武智鉄二さんの演出で『**能形式による「夕鶴」**』。片山博太郎[*30]（幽雪）さんがおつうです。昭和二十九年ごろです。

山本　与ひょうが茂山千之丞さん、野村万之丞（現・萬）さんが惣ど、万作さんが運ずだったですかね。

野村　雅楽の楽器も入っていまして、新橋演舞場での上演で、能舞台じゃなかったですね。

復曲と新作の取り組み

山本　あのころ一生懸命考えていたことは、現行曲では足りないものがあるような気がして、復曲はそれを補うという考えでした。国立能楽堂が出来て、定期的に新作とか復曲をやるという方針だったらしくて、その研究公演で、『**若菜**』を復曲したのが最初でした。その後、何かないかという話で、和泉流の名作ですが、大蔵流は虎明本にはあるんだけれど、今はやってない『**川上**』をやりました。それから天正本にあらすじだけがある『**近衛殿**《このえどの》**の申状**《もうしじょう》』の復曲。あれもお蔭様で評価して頂けました。まったく消えていたものでしたから。国立能楽堂での復曲は非常に丁寧な仕事で学者さんを集めてくれたり、研究会を何度もやってくれて、台本や演出を練るのにも時間をかけてできましたね。あとは『金岡《かなおか》』。和泉流では『金岡』ですが、虎明本は『金若《かなわか》』となっていて、私は『金若』でやりました。これはほとんど自分の考えで作ったもので、復曲というよりは新作でした。中に出てくる謡は梅若六郎（現・実）さんに節付けしてもらいました。東大名誉教授で国文学者の多田一臣さんが学生の頃からのお弟子さんなので、彼にいつも文法的なチェックをしてもらっていて、この時も助けて頂きました。

それから横浜能楽堂の依頼で新作の狂言を一つ作りました。『桂《かつら》の短冊《たんざく》』という曲です。「狂言再発見」というシリーズを企画してくださって、そのうちの一日が新作狂言の特集だったのです。木下順二[*31]作の『彦市ばなし』を万作さん・萬斎[*32]さんがやって、茂山家が『濯《すす》ぎ川《がわ》』、う

＊29　**万代峰子**（一九一九―）　俳優。宝塚歌劇団出身。映画、舞台、テレビに出演。武智鉄二演出の狂言『茶子味梅《ちゃさんばい》』を岩田豊雄が脚色した『東は東』で茂山七五三（四世千作）、千之丞と共演した。

＊30　**片山博太郎**（一九三〇―二〇一五）　観世流シテ方。九世片山九郎右衛門。片山幽雪。八世片山博道の長男。父及び観世華雪、雅雪に師事。日本芸術院会員。重要無形文化財各個認定（人間国宝）。文化功労者。弟に慶次郎、杉浦元三郎。長女五世井上八千代、長男片山九郎右衛門。

＊31　**木下順二**（一九一四―二〇〇六）　劇作家、評論家。劇作家として民話を素材にした『夕鶴』『彦市ばなし』はともに能、狂言にもなった。ほかに代表作に『子午線の祀り』など。生涯進歩的知識人として国家の栄誉を辞退した。朝日賞、毎日芸術賞。

＊32　**野村萬斎（二世）**（一九六六―）　和泉流狂言方。野村万作の長男。祖父六世万蔵及び父に師事。

ちは新作はなかったのでこの時初めて作りました。八月十五夜、仲秋の名月のもとで句会をやっているところに旅人がやって来る。呼び留められ招き入れられるが、みんなが次々詠んでいるのに、なかなか詠もうとしない。ぜひ詠んでくれと言われて、「三日月の」と詠みだす。するとみんなで大笑いして、今日は満月だぞ。何が、「三日月の」だ、と。そんなふうに笑われたもので、その場をスッと去って行く。その時に桂の木に短冊をかけていくのです。そこに書かれた後の句を見ると、「頃より待ちし今宵かな」とつけてあった。みんながアッと思った、という話です。これは芭蕉の逸話として伝わっているものです。私は芭蕉が好きなのでこのエピソードを借りて新作狂言にしました。人間の愚かしさを根本に据えておいて能寄りの表現で描きたかったんです。

新作能も二つ書きました。一つは梅若六郎さんのために書いた『伽羅沙《ガラシャ》』。新作能を書けたらいいなという思いは前々からあったんですが、そんなこと出来るわけないし……、ところが六郎さんからサントリーホールで公演を考えているので是非と言われて、嬉しい気持ちと畏れが同時にあって一生懸命作りました。

それからあともう一つは観世のお家元・観世清和さんに頼まれて『道灌《どうかん》』を書きました。これは伊勢原市の市制三十周年の記念事業で太田道灌の新作能を作ってほしいというお話がお家元のところにあったんです。といいますのは、伊勢原駅の近くに道灌のお墓が二つあるんです、首塚と胴塚と。首を離しておかないと甦って祟るからという言い伝えで、首と胴体が別々に埋葬されていることとってありますよね。道灌は暗殺されてそんなことになったのです。

道灌という人はすごい戦略家とも言われますけれど、何よりも平和を願っていた人だと思います。大きな城を建てるのも抑止力として、そういうのがあると攻めていかないでしょう、太田道灌の城造りというのは、そんなことからの発想らしいんです。それから〝治山治水〟、あれも民衆のためにやったことらしいんです。それから戦っても、敵の負傷者も手厚く介抱するということもやっていたという、いろいろな逸話を調べながら思い入れをもって書きました。

——四郎さんも復曲新作、それから藝大でやられた他のジャンルの方との新しい作品など、ずいぶん手がけていらっしゃいますね。

野村 私らの新作というのは、まず、たとえば昭和三十四年の皇太子ご成婚の時の、そういう時に新作がいっぱいありました。ああいうのが新作、事始めですね。

ふつうの人はそんなに新作とか、そういう立場にはならないのです。言葉は悪いけれど、身分制度というのが能の中には非常にきちっとしているわけです。そういうことが闊達にできる

文化庁芸術家在外研修生としてイギリス留学。狂言のみならずテレビ、映画にも出演、また演出家としても活躍。世田谷パブリックシアター芸術監督。

人と、全然できない立場の人というのがある。私らはできない立場だから。それができる立場の人の魅力にだんだん惹かれていくわけです。そういうことなんです。寿夫さんなんかを見ていて「僕もやってみたいな」という、そういう意欲というのが、知らず知らずに自分の身体の中に芽生えてくるね。それでやれないというときのつらさと、忍耐と。それにはそれぞれの家だって長男は出来ても次男は出来ないかもしれない。また話が戻るけれど、やはり抜キができる立場の人と、それから抜キがなかなか出来ない立場の人もいるでしょう。

狂言の世界はどちらかというと非常に改革的で開けていましたね。シテ方の場合はそうやって開いちゃうと、要するに流儀が乱れるとか、統制が取れなくなるとか、いちいち届けなくてはいけないとか、そういう側面もありますからね。大所帯でもあるし。出来る立場の人は、別に届けもしなければ何もしないで自由にやってるわけでしょう。出来ない人が大部分でしたからね。

高浜虚子さんが書かれた謡「花一時《はないちじ》に開《ひら》く」がご成婚の新作の謡です。観世会で家元が中心で、それで地謡で女性の玄人が橋掛リにずっと並んで、それでいっしょに謡った。

三宅藤九郎の叔父も新作狂言書いて上演していますね。

山本　『**さとり仙人**』とか『**ぼうふり**』とかね、藤九郎さんの新作狂言は台本が出ていますね。ただ、少し落語っぽくて私はあまり興味がわかなかったです。

――それで四郎さんは、あこがれたような新作というのは、どういうものですか。

野村　そんなあこがれたような新作というのはなかったです。自分が出演するんだったら裏方ですから。それで手いっぱいで、そんな何かあこがれるという余裕はなかったけれども、でも新作というものに対する、やりたいという思いは、環境が環境でしたからありましたね。兄たちも盛んにやっていたし、寿夫、静夫という方々もいらしたからね。

――具体的に寿夫さんとのそういうのに飛び込むというか、参加したのは『鷹姫』がお二人とも最初ということになります。

山本　私はそれが最初です。

野村　私もそうです。

――オーディションがあって、その時はシテ方とかワキ方、狂言方といった役職を超えているわけでしょう。この公演にはクレームはありませんでしたね。一九六七年の十二月です。画期的な公演でした。

野村　結局、新作をやると、その作品の出来上がる過程があるでしょう。ところが旧作は、型付というのがあって、稽古は厳しいけれども、なんだか知らないけれども、いきなりその高台に乗ってしまっているようなものでしょう。ところが、新作はなにもないところから一歩一歩積み重ねていくそのエネルギーが、すごい勉強になるんです。旧作もこういうふうに考えていかなきゃいけないなということを思うんです。実際に一番最初に「岩（コロス）」をやった時に、それを感じました。みんな一人ずつ打ち上げでしゃべらされたじゃないですか。私はそんなことを言ったのを記憶しています。

山本　私はとにかく初めて観世流の謡を謡ったわけで、とても勉強になりました。狂言の謡というのは短くて、まさに短距離でバーッと謡うことが多いのです。それに比べて長丁場を謡うということと、みんなで謡うということも大変でした。狂言は地謡と言っても三人とか四人で謡っていますので。しかも『鷹姫』では動きながら、互いが離れている所で、音階をきちんと取りながら謡うというので、すごく勉強になったということを申し上げたと思います。

野村　東次郎さんはこういう考え方、感性がある人なんですよ、今の狂言師にはいません。それが私が尊敬する所です。

動く地謡（コロス）なんて初めてだし、みんな初めて体験したのは輪唱ですよ。輪唱なんてお能にないから。あれは苦労したね。つられちゃうのよね（笑）。

山本　くり返しで似たようなところなんか、どっかで一緒になりそうになってね。

野村　でも、狂言には二人の人間があっちとこっちで同時に別々のことをしゃべる場面もあって、子供のころ、稽古されました。すると、人の台詞が耳に入ってきて、自分の台詞がわからなくなってしまう。あれはむずかしいものですよ。体験者です（笑）。

山本　四郎さんがおっしゃったようにそれが狂言の独特の演出なんですけど、互いをかまわずに自分の台詞を続けているんですが、親父と一緒にやっていると、まちがえてつられてしまって、後でばかやろうって怒られる。

野村　要するに自分として確固としてやっていればいいということです。

山本　岩の役は半面[*33]をつけてるのですが、それがとても見えづらくて、動くのが大変でした。なかなか合わないんです。ですからいやっというほど稽古しました。何度も呼び出されてこの青山の舞台で。それからこれは具合悪いからこっちに来てとか、そこのところちょっとしっかりとか、ともかく演出家がいて、作りながら変えていくというのは、初めての経験でした。

野村　そうですね。一生忘れませんね。初めての経験です。既成のレパートリーの能も、こういうふうな見直し方をすれば、もっともっと先へ行けるという実感をもちました。だから結局、六百年前に出来上がっているものを、ふんぞりかえって、あぐらかいているみたいに平気の平左でもってやっているというのが恐ろしくなります。

——狂言は能に比べると同じ曲を何度もやる機会は多いと思いますが、その中での発見というのは……。

＊33　**半面**　ヨーロッパの仮面劇の伝統の中には、コメディア・デル・アルテのような口を覆わない半分の仮面があった。新作能『鷹姫』のコロス岩のために美術作家有賀二郎によって創られた半仮面。

山本　一つの例ですが、父は『粟田口《あわたぐち》』という曲の最後のところで、シテの大名が「粟田口」と名乗る男と対面した後、そこから調子を変えよと言うんです。なぜ変えるんだろうと思っていたんですが、ずっと後になって、そこに大きな意味があることに気づいたんです。父は何も言ってくれなかった。そんなに軽くてはだめだと言うだけです。「粟田口」と名乗る男は、実は素破《すっぱ》（詐欺師）なわけで、大名をだましにやって来た。大名は粟田口とは刀であると思っているんですけれども、百パーセントの自信はない。自分が粟田口だと名乗る人間が現れると、自信がないのでそれは違うと言えないんです。ほんとうにその男が粟田口であるかいろいろ検証し、最後に対決するわけですが、それまでは太郎冠者を介しての会話だったのがようやくここで直接言葉を交わす。このときに大名は太刀を持っていて、もしこいつがどこか隙を見せたら、それも詐欺師であることがわかったら、ぶった切るつもりぐらいの迫力で臨むんです。

ところが、一緒に道中しているうちに、財力はあるけれども田舎の人である大名の心に、その男の持っているさわやかな都の風が入ってくる。なんだか無性に気に入ってしまって、最後には太刀と刀を預けてしまう。これは気を許したことの象徴です。そして嬉しくなって名前を呼びかっているうちに、まんまと逃げられてしまう、という話なんです。

私は、狂言は人間のおろかしさを描く心理劇だと思っています。自分をだましていることがわかったら、成敗するつもりぐらいでいたのが、途中でその男を気に入ってしまって、こんな男が自分の召使にいたらいいなと思ってしまう。父はそんなことは教えないんです。ただそこから調子を変えろと言うだけでした。なぜこんな教えをするんだろう、こんな演じ方をしなければならないのかと懸命に考えていくうちに、わかってきたことなのです。結局父がそのための種を蒔いておいてくれたということだと思います。

能や狂言はこういうことだというのを、父は絶対説明しないんです。でも私は性分なのでしょうが、自分のやっていることの一つ一つを納得してやりたい。そう父に言って、またものすごく怒られました。

それから『八句連歌《はちくれんが》』という狂言で借金取りとそれから逃げる男がすれ違い様、肩がポンとぶつかり合う場面があります。それでお互いに気がつく。これは絶対に嫌だと言ったんです。こんなことはあるわけないって。片や必死に逃げようとして、片方は何が何でも捕まえようとしているのに、そんな馬鹿なことってあるかって。それで「僕はそれをやりたくない」と言ったら、すごく怒られたんです。

そんなに理屈で考えるんじゃないって。すべての状態が想定できるのかと。狭くて人がうろうろしているような長屋の暗い路地裏で、ドンと当たったのかもしれないじゃないか。そういうことを考えないかと言われたときに、なるほどそれは肯定しなければいけないんだと思ったんです。

――四郎さんの場合は、『鷹姫』の後は、どのようなものを？

野村　いろいろあります。新作能でいえば高浜虚子作『**実朝**《さねとも》』は虚子生誕百年を記念しての上演で、その後も何度か上演しました。ほか能楽師の大槻文蔵[*34]さんや、浦田保利[*35]さん、浅見真州[*36]さん、梅若玄祥（現・実）さんがそれぞれ上演してくれています。大岡信さんの奥様の深瀬サキ[*37]さんが書かれた『**利休**』は私が利休で観世清和宗家が朝顔の役で上演しました。利休の辞世の句「ひっさぐる我が得具足の一つ太刀いまこの時ぞ天になげうつ」のところは忘れがたいものがあります。それから多田富雄[*38]さんの『**無明**《むみょう》**の井**《い》』を三回忌の折に新演出でいたしました。それから古楽器のオペラでモンテヴェルディ作曲の『**オルフェーオ**』これは能のスタイルでの演出と、最後に私は女神として『羽衣』の天女の姿で蓮の花を手に舞いました。あと研究者の方と一緒に旧作の能の演出の見直しをした『安宅』、『**砧**』は独自のものが作れたと思っています。これも伝統に爪を立てたことになります。

細かいことを言ったらきりがないけれど、新作および旧作をやるにしても、共通点がいっぱいありますね。まず理論ありきじゃなくてね。まず身体ありきで体現してみて、それをくり返しくり返してやって、そこに何か感じとるものが、それが理論づけのもとになるんじゃないか。東次郎さんも同じことだろうと思うんだけれども、芭蕉の名言に「句整はずんば舌頭に千転せよ[*39]」、句が整わなければ舌のうちに乗せて千回ころがしてみる。そうしたらおのずから形が決

まってくる、というのがあります。だいたいくり返すということが芸の根本です。それで感じ

＊34 **大槻文蔵**（一九四二―）観世流シテ方。大槻秀夫の長男。祖父十三、父、観世寿夫に師事。公益財団法人大槻能楽堂理事長。新作能、復曲にも積極的に取り組む。重要無形文化財各個認定（人間国宝）。文化功労者。

＊35 **浦田保利**（一九二九―二〇〇九）観世流シテ方。京都観世会所属。浦田保嗣の長男。父及び八世片山九郎右衛門、二十五世観世流宗家・観世左近に師事。長男保浩、次男保親。

＊36 **浅見真州**（一九四一―）観世流シテ方。浅見真健の五男。観世寿夫、八世観世銕之亟に師事。銕仙会所属。復曲、新作能にも取り組む。観世寿夫記念法政大学能楽賞受賞。芸術選奨文部科学大臣賞受賞。

＊37 **深瀬サキ**（一九三〇―）劇作家。代表作に『思い出の則天武后』、新作能『紫上』『利休』など。夫は詩人大岡信、息子は作家大岡玲、娘は画家・詩人大岡亜紀。

＊38 **多田富雄**（一九三四―二〇一〇）免疫学者。詩人、能本作者。免疫学者として国際的に優れた業績を残し、その知見による著書『免疫の意味論』『生命の意味論』などの論考により、我とは何か、生命とは何かという哲学的課題にまで深く迫る道を拓いた。能の作者としても心臓移植の能やアインシュタインの相対性理論をテーマとした『一石仙人』など数多く創り、上演されている。二〇〇一年に脳梗塞で倒れたが、復活し指一本で詩や新作能を書き続け、リハビリ日数制限に対して反対運動の先頭に立って活動した。大佛次郎賞、朝日賞受賞。『多田富雄コレクション』全五巻。

＊39 **「句整わぬときは舌頭に千転せよ」** 松尾芭蕉の弟子の向井去来が、芭蕉俳諧に対する考え、教えなどを纏めた俳諧論『去来抄』にある言葉。「発句の形が整わぬ時は、その句を千回様々に舌の上を転がし変化させて吟じてみよ」と句作に悩む去来に指南した言葉。

とっていくわけですね。そこから理論が生まれてくる。そういうのを芸というんじゃないですか。芸というのは、そういう類いのものじゃないかというふうに感じますね。

「自己流」と「型破り」

野村　私は、いつか大変失礼なことを申し上げたことがあるんです。それは法政大学能楽研究所に呼ばれた時に、「若いころは観世流を一生懸命学んでまいりましたけれども、今はちょっとその方向とは違って、自己流を自立いたしました」と言った（笑）。それは皆さん笑ってくださったけれども、事実は観世流でありながら自己の主張というものが生まれてくるんです。作ろうとしなくても生まれてくるんです。そこが大事なんだと思いますね。

ですからその自己流を樹立するためには、まず私のあだ名がジプシーでしたから、あっちへ行ったり、いろんなところで見ているわけです。そういうものがいろいろ糧になって、身体にしみついていくんでしょうね。

能の人は狂言を観ない人が多い。狂言を知らなくても平気だし、やはりアンテナがなくなると、みんな流儀とか家だけの狭い世界になってしまって、能狂言に生きていく覚悟が希薄に感じられる。それこそ畏れを知らないことと、学ぶことへの意欲が弱いですね。

型付を見て、観世流の節を見て、それで謡って、型をして、舞って、それだけだもの。それだけでは成り立ちません。お囃子方だって手付け見て、手だけ打っていたって、そんなの成り立ちませんもの。それがどうやったら越えられるか。昔は違いましたね。優れた人というのは、この人でなければ表現できないなというものがありましたね。

山本　アスリートたちがすごく生き生きしていて、どんどん目標を立てていけるのは、結果が出るからでしょう。結果が出るものだから努力が出来る。だけど能も狂言もそれがないでしょう。結果が出ない。だからある程度まで行くと、もうこのあたりでいいかなと思ってしまうのではないでしょうか。

野村　それこそ剣難なる道を一歩一歩進むようなものだよね。ハーケンをカンカンカンと打って、一歩ずつ山登りするような、そういう感性がないと。山登りだって命がけですものね。舞台に出ようという人も、昔は命がけという精神が知らず知らずに伝承されて、宿っていたんじゃないですか。

山本　私は怠けることは悪であるといつも思っている。これはちょっと芸のこととは違うんですけれども、山で急な斜面を登っている時が一番心が安定するんです。こんなに厳しいところに自分を追い込んでいっているんだと思うと、気持ちが安定するのです。ところが今の若い人たちは、あるところまで行くと、それで満足するらしい。なぜもっと先に行こうと思わないんだろうと思います。

自分としては、「三番三」を披いたあと、父に「お前の三番三は並だ。山本の三番三は並じゃだめだ」と言われたことや、二十五、六歳の頃、寿夫さんに私のやった『蝸牛《かぎゅう》』のことを「技術はきちっとして動きも隙なくやってるけど楽しくない」と言われたことをいまだに考えていて、まだ先がある、課題があると思い続けています。

野村　安住の地を得たと思ったらそこで止まってしまう。そうなっちゃいけないですね。

山本　人間は一旦楽を覚えてしまうと、楽に慣れちゃうんです。たとえばですが、小学校の教科書に『**柿山伏**』が載っているので学校公演でこの曲を出すことが多いのですが、山伏が木の上でカラスの鳴き真似をさせられるところがあります。「コカ」という鳴き声一つでも、息をためて「コ」の音を全力を尽くして言う。でもこれは辛いんです。逆に「カ」に力を入れると楽に効果を狙える。

野村　シテ方の場合には、素人を教える稽古が多いでしょう。そのときに自分で稽古のつもりで謡わないと。そのときに楽にやるのがくせになっちゃってる。自分ならこう謡う。お素人は謡えなくても、自分の稽古のつもりで謡ってきたんです。昔はみんなそういう精神だったんです。それが完全に変わっていて、素人に合わせてしまう。

山本　私は緊張して精一杯一生懸命にやっているいないですむという稽古をしている

うちに、いつも自分をそこへもっていくようになった。いつも辛い方に辛い方に自分をもっていっていると、ほめられないにしても怒られなくなる。これなんだなと思うようになる。だから常にどんな時でも、今怠けていないかという自問自答が自分のなかにある。

野村　狂言の道も、能の道も同じです。ただ、私は観世流の適正委員長というのをやっていて若い人の教育の責任者ですから、若いのがだめだめだと言っているだけでは済まないのです。これからは芸、芸、と言うだけじゃなくて、教養も深めていかないとだめだなという感じがします。いろんな学者の先生方をお招きして講義をしていただくとか、ある時には座禅をしたりとかもしました。座禅堂でみんなして座禅を組んで、そういうような人間の教養というか修養というか、技術ばかりではないんだよというふうに、これからの教育はしていかなきゃいけないと思っています。

その意味では今の観世流の研修制度はそういう方式になっていますから、一応はそれが功を奏している、緊張感がまずそこから生まれてきます。うるさそうな人がみんなで見ているところで、舞を舞ったり、謡を謡ったりする。それだけでも違うんです。

そういえば能楽協会が戦後、それこそ兄の若いころなんかコンクールをやっていました。競いあってというふうな精神だったんですね。そこに野口兼資先生とか、近藤乾三先生といった、錚々たる方々がみんな試験官のように座っていたらしいです。

山本 それで点数つけてね。一等とか二等とか。私らは年齢的に参加させてもらえませんでしたが、寿夫さんとか萬さんとか。

野村 私らは歳が下ですから、そういうのには出られなくて、能楽協会では稽古能もやっていて、それには出ました。稽古能というのは、いろんな人が選ばれてシテをやったり、地謡をみんなで勉強するんです。選ばれた以上は競いあう気持ちが起きてきます。能楽協会の催しとしてやっているというところに、当時の意味があったんじゃないかな。当時の能楽協会の方がずっと意欲的だったかな、感じがね。それこそオリンピック能楽祭の冊子を見てもね。

それはさっき私が「自己流」という言葉を使いましたけれども、まさしくそこが「型破り」の世界だというふうに思っています。型破りというのは、そのきちんとした型をしっかりと共有していないといけない。破ってバラバラになって別物になるのではない。型破りというのは、その道の中で破れているんじゃないかなというような気がします。私自身は、完成はもうなくていいと思っています。永遠に未完成というものを、自分の信条、誇りとしています。そういうことによって完成を目ざしていくと。それでたまたま八十になったから、ここで一つ何かしようと思いました。ふつうだともうぼちぼち落ち着いて、今までの集積を大事にしていくと守勢になりがちですが、しかし私は新天地を見つけて、これから歩もうというふうに志を決めたんです。

誰にも言っていませんけれども、新天地を求める。これがちょうど八十路ですから八十です。そうすると山の形ですから十の字は先へ飛び出しています。その下に四郎と書く冗談めいた花押を考えました。四郎は山を越えて、新たに息づいて、新天地を求めて行こうと思っています。世阿弥の言っている「老木に花の咲かんがごとき」というような、そういう芸というものを探って、開花していかないと、新天地になりませんね。

山本　型はいっぱい叩き込まれてきたんですけれども、前にお話ししましたように、最初はその型をすごく意識して大事にしなければという思いだけだったんですが、ようやくそれを意識しないでやれるようになりました。ただどんなに自由にやっているようでも決して矩《のり》を超えてはいけないと戒めています。私たちの世代が幸せだったのは、明治生まれの名人といわれる方々の舞台を目の前にまざまざと見ることができ、これが能というものなんだという不動の確信を得ていたこと、それに対する憧れを持ち続けられたこと、それから佇まいとか存在感を身に染みて感じていたこと。だからこそたどりつけない理想に向かってひたすら歩んで行かなければと思うんです。それから、能楽界は厳しいけれど温かいところでもある。父が亡くなった時、二十七歳の若僧だった私をどれだけの先輩方が助けて下さったことか。喜多実先生、梅若六郎先生、梅若万三郎先生、宝生重英先生、本田秀男先生、奥野達也先生……、皆さんに支えられ守られてやってきたんだなとしみじみ思います。その恩を今度は私が次の世代に返していかなくてはならないのですが、何しろ未熟者なのでなかなかうまくできません。

野村　お茶の方の道の言葉で、〝守《しゅ》・破《ば》・離《り》〟といういいかたがあります。この言葉が私は大好きで、それをわれわれの教育に使うと、まず〝守〟は基本技の習得です。そして〝破〟というのはいかにその応用ができるか。そして〝離〟というのは創造すること。その守と破と離というのが、その役者の命であって、私はこじつけて、そういうふうに言っているんですが、〝破〟というのは基本技の応用で、型を破って応用ができなければ創造という世界にも行けないということだと思います。

能には果てあるべからず

——しめくくりとして、能とは何か、狂言とは何かということを一言で伝えてください。

山本　狂言は人間の愚かしさを写す鏡、愚かしい心を描く心理劇だと考えています。狂言二百番の中に描かれているのは誰もが経験しうる過ち、失敗、でも狂言はそれを追いつめたりしません。誰もが皆、同じような愚かしさを抱えて生きている。それを認め合って許し合い、ゆったりとした心で生きていったらもっと穏やかな世になるのではないか、そうした視点で狂言を観て頂けると限りなく面白くなると思います。

野村　能というものは日常から離れたものですね。いまは一生懸命解らそう、解らそうとしすぎているように思います。能は解ってもらうよりは感じてくれればいいと思うのです。絵画を解ったといってもあまり意味はないと同じです。そういう芸術があっていいはずです。とはいえ能は文学でもあり、言葉の芸術であるので解らないということが出てきます。音曲の上でも能の独特の囃子が解らないということも出てくるのでしょう。しかしまずは感じていただくことです。そのことを入り口にして次の理解へと進んでいくのです。

――これからの時代を担っていく若い方々にも言葉をお願いします。

山本　会を運営する上ではどうしても観客を動員しなければいけないし、有名になるといろいろなことが楽になるでしょうから、マスコミで有名人になることが早道だと思っている方もいるわけです。能・狂言は一般的な世の中ではマイナーなものです。一度も観たことがない人の方が圧倒的に多いのですから。でも究極のところで質的に最も王道を行くもので、それを先人たちがつくってくれた。ですからそれを大事にしなくてはならない。今流行に乗ってもてはやされている人たちは、何千何万という人から選ばれた人という意味ではすぐれた人たちでしょう。それに比べて能・狂言の人たちは本当に少数の中から選ばれた人です。だけれど、その選ばれたことに誇りを持つべきです。世の中の評価や収入のような見返りを求めずに、ただひたすら理想を目指すことが出来る。死ぬまでその道を追い求めることができるということは、舞台人にとって一番幸せなことじゃないかと思うんです。嫌いだった狂言が六十歳近くになって大好きになり、いろんなことが見えてくるようになりました。そうすると、同じ曲でも日々発見があり、だからますます嬉しくて、あの曲をもういっぺんやってみたいとか思っているのです。怠けることも自分を追い込んで鍛えることも全部自分の責任だと思いますけれども、それができるというのはすごく幸せなことです。

これからこの道を行こうと思う人たちも、そんなことを求めて生きていってくれたらなと、これからも、いつの世でも、というのが私の願いです。

野村 なかなか難しい。結局、こういう伝統芸能というものを維持して、また過去のものを未来へ目ざしていくというのは、それぞれの責任感というものをまず養成するということが大事だろうと思います。私は一芸に秀でればいいとは思わないんです。秀でる役者をつくるためには、いろんな教養を身につけて、身体にレーダーをもって、そのレーダーを鍛えるような教育が必要だと思います。今後、これからの価値観と共有していかなくては、昔のままの価値観が永遠に続くとはかぎらないし、世の中は変化する。それにただ乗れというのではなくて、そうした価値観というものとも共存していく、シェイクハンドしていくようなものがないと、私は非常に短命に終わるんじゃないかと思っています。

次世代の人たちを育てる責任ということは、とくに今、使命感をもってやらなければいけないことで、実際それをやっています。ところが若い人には、今は勝手な行動をとる子が多いですけれども、それをただだめだ、だめだでなくて、ちょっと上手に出て、稽古している若い人の性格をこちらの方が汲み取って、その性格を逆手にとって教育して、それを伸ばしてやる。その発想は「桜切るばか、梅切らぬばか」といって、梅人間と桜人間というのを、判別して、こいつは桜だな、こいつは梅だなというふうに考えて、教育の方針にしたらどうかと思っております。

山本　狂言は、すべてに対して最大の礼節を尽くしています。そして削りの、引き算の美学であること。己が勝手にやれば己の範囲にしかならないのが、不特定多数の方に伝えるために様式、型というものが必要となるのです。

野村　以心伝心という禅宗の言葉がありますが、言葉を超えたものに芸の学びがあるのだと思います。察する力が大切です。想像力が大事です。そして心を整え、身を整えることも大事です。能は切り詰めた動きの中で多くを表現します。凝縮する力が重要です。それが型です。振りとは言いません。それは先程東次郎さんが仰った、引き算、削りの美学だということに繋がります。

山本　仏教の言葉で上求菩提《じょうぐ》、下化《げけ》衆生と言います。上求菩提というのは上に向かっては真理や悟りを求めることであり、下化衆生というのは生きとし生けるものを教え救うこととされています。能の表現する世界には、上を求める上求菩提の精神があり、能楽師も同じ精神を持って舞台に臨んでいかなければいけないと思っています。狂言は広く言えば下化衆生の精神で万人を大きく救い包み込むようなものと言えるのではないか。己れ自身は上求菩提の精神を追い続けなければいけないと思っています。

――伝統とは何かという問いにはどう答えられますか。

野村　私は常々言っているのですが、伝統というものは、過去のものということだけではありません。過去から現代につながり、さらに未来にもつながっていかなければなりません。過去・現在・未来があって伝統だと思っています。それと伝統が力あるためには伝統を無条件に拝跪するのではなく、それを見直し、爪を立てる精神も必要なのです。私はそういう思いから、従来からの能の型や謡であっても、過去に遡ることで見直すこともしましたし、新しいジャンルにも挑戦しています。

山本　人生が八十年とすると、実質的に一人の人間が仕事の出来る期間は六十年くらいでしょう。その六十年で出来ること、出来ないこともありますが、その次の世代の六十年、またその次の六十年と積み重なって、蓄積されたものが伝統だと思います。その意味でも、伝統というのはそのような積み重なり、非常に豊かな蓄積だと思います。

――お二人とも年輪と実績を重ねて、芸を極めたといわれる位置にいらっしゃると思いますが、

「極める」ということをどうお考えですか。

山本　ガンジーの言葉に「明日死ぬと思って生きよ。永遠に生きると思って学べ」とあります。実際私もそのように念じて生きたいと思っています。今の歳になって、やっとわかったということもありますし、知らないことの方が多い。「極める」という言葉は自分には縁遠い言葉です。

野村　「極める」というのは、当人がそうだということではなく、周りが言うことでしょう。この歳になって初めてそうかと実感することは多々あります。年輪を重ねるほどに能の奥深さを思います。私は「永遠の未完成」であっていいと思っています。だからこの歳になってもさらに新たな境地を求めていく精神が起きてきます。世阿弥のいう「命には終わりあり、能には果てあるべからず」です。

（了）

観世流

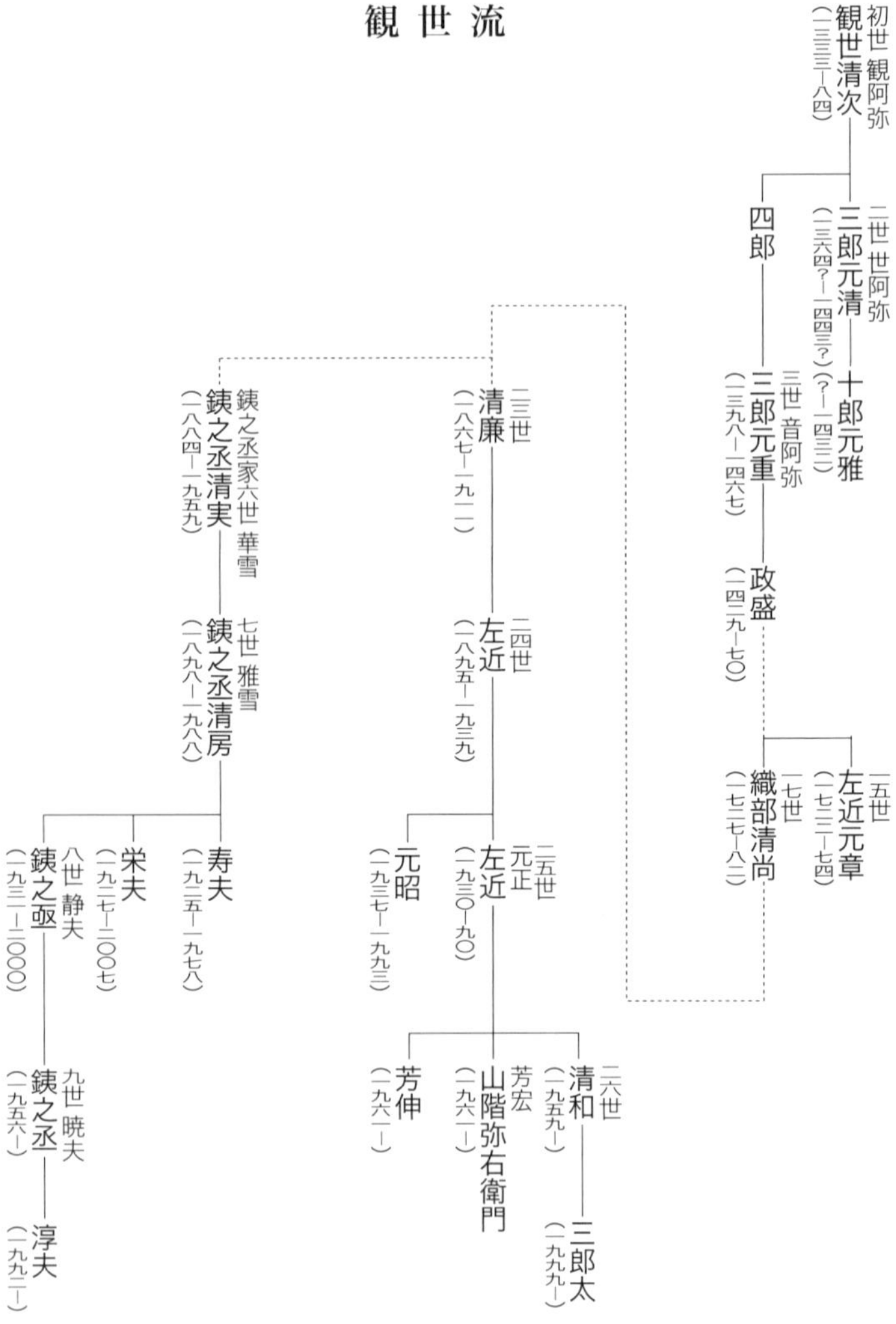
初世 観阿弥
観世清次
（一三三三—八四）
二世 世阿弥
三郎元清
（一三六四？—一四四三？）
十郎元雅
（？—一四三二）
四郎
三世 音阿弥
三郎元重
（一三九八—一四六七）
政盛
（一四二九—七〇）
一五世
左近元章
（一七二二—七四）
一七世
織部清尚
（一七二七—八二）
二三世
清廉
（一八六七—一九一一）
二四世
左近
（一八九五—一九三九）
二五世
元正
左近
（一九三〇—九〇）
元昭
（一九三七—一九九三）
二六世
清和
（一九五九—）
三郎太
（一九九九—）
芳宏
山階弥右衛門
（一九六一—）
芳伸
（一九六一—）
銕之丞家六世 華雪
銕之丞清実
（一八八四—一九五九）
七世 雅雪
銕之丞清房
（一八九八—一九八八）
寿夫
（一九二五—一九七八）
栄夫
（一九二七—二〇〇七）
八世 静夫
銕之亟
（一九三一—二〇〇〇）
九世 暁夫
銕之丞
（一九五六—）
淳夫
（一九九二—）

野村万蔵家

- 初世 野村万蔵保尚（一七三二－九〇）
  - ……五世 万造 万斎（一八六二－一九三八）
    - 六世 万蔵（一八九八－一九七八）
      - 七世 万蔵・万之丞 萬（一九三〇－）
        - 八世 耕介・万之丞 万蔵（一九五九－二〇〇四）
          - 太一郎（一九九〇－）
        - 九世 良介・与十郎 万蔵（一九六五－）
          - 万之丞（一九九六－）
          - 拳之介（一九九九－）
          - 眞之介（二〇〇三－）
      - （女）
        - 史高 万禄（一九六六－）
      - 万作（一九三一－）
        - 武司 萬斎（一九六六－）
          - 裕基（一九九九－）
      - **四郎（シテ方観世流）**（一九三六－）
        - 昌司（シテ方観世流）（一九七〇－）
      - 万之介（一九三九－二〇一〇）
    - **三宅藤九郎**（三宅家入籍）（一九〇一－九〇）

山本東次郎家

- 初世 隠居名・東 山本東次郎則正（一八三六－一九〇二）
  - 二世 東次郎則忠（一八六四－一九三五）
    - 三世 東次郎則重（一八九八－一九六四）
      - 四世 **東次郎則寿**（一九三七－）
      - 則直（一九三九－二〇一〇）
        - 泰太郎（一九七一－）
          - 凜太郎（一九九三－）
        - 則孝（一九七三－）
      - 則俊（一九四二－）
        - 則重（一九七七－）
        - 則秀（一九七九－）

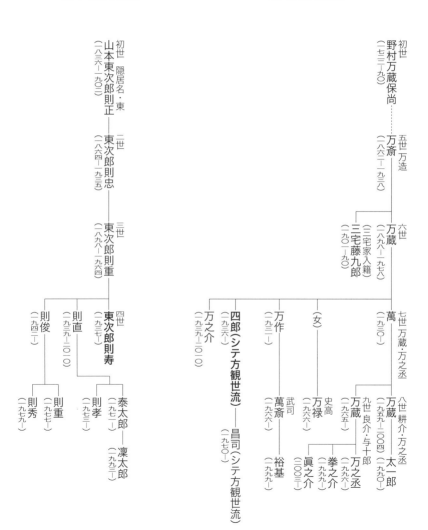

〈補論〉

能・狂言の歴史

笠井賢一

一　能・狂言の源——芸能の始まり

能・狂言は日本を代表する古典芸能であり、伝承が続いている演劇として世界最古であると言われています。

能・狂言が世界の演劇人に関心を持たれているのは、単に古いからというだけでなく、演劇として、芸能としてそのドラマツルギー（作劇術）と、その身体が、西洋の演劇の伝統と全く違う方法を培ってきたからなのです。それは西洋の演劇の近代合理主義に基づいたリアリズム演劇への反動として出てきた、ブレヒト[*1]やイヨネスコ[*2]、ベケット[*3]といった新しい演劇人に深い

＊1　**ブレヒト**（一八九八―一九五六）　ドイツの劇作家、演出家、詩人。二十世紀を代表する劇作家、演出家。ナチスに追われ亡命生活を送る。マルクス主義者として、役に感情移入する従来の演劇に対して、事件を客観的、批判的に観客が見られる「叙事的演劇」を提唱、それを実現するために「異化効果」という方法を提唱、実践した。戦後東ドイツに劇団「ベルリーナ・アンサンブル」を創設、妻の女優ヘレーネ・ヴァイゲルと活動した。代表作に『三文オペラ』『肝っ玉おっ母とその子供たち』『ガリレオの生涯』などがある。能や歌舞伎の影響を受け、能『谷行』を翻案した教育劇『イエスマン、ノーマン』がある。彼のアトリエには能面が飾られていた。

＊2　**イヨネスコ**（一九〇九―九四）　フランスで主に活躍したルーマニアの劇作家。ベケットと並んで不条理演劇を代表する作家。代表作に『禿の女歌手』『椅子』『犀』など。日常の言葉が

影響を与えました。なかでもポール・クローデル*4は日本大使として大正時代に来日し、能を含む日本の伝統芸能に深く影響され、能狂言の西洋演劇とは違う本質を見抜き、能舞台を「夢の離れ屋」と呼び、「西洋演劇では何事かが起きるのに対し、能では何者かが現れる」といいました。西洋演劇においては舞台上で事件が起き、それが結末を迎えるまでを描くのに対し、能では事件は終わっており、そのことを背負った存在――それは死者であることが多い――が登場する劇なのです。

二 『古事記』の芸能の始まり

日本の神話『古事記』神代篇には芸能の始まりについて三つの事柄が描かれています。その第一が名高い「天の岩戸隠れ」*5の物語であり、隠れた太陽神天照大御神《あまてらすおおみかみ》を天宇受売命《あめのうずめのみこと》*6の歌舞の力によって呼び出す物語です。その第二は天若日子《あめわかひこ》*7の葬送のため八日八夜《やかやよ》鎮魂の歌舞を尽くしたという物語。そして第三が火照命《ほでりのみこと》*8（海幸彦）と火遠理命《ほをりのみこと》*9（山幸彦）の兄弟の争いと、

意味を失い、円環的な時間に陥り、物が氾濫していくという不条理は狂言『茸』に共通する。
能を称賛した。

*3（前頁）**ベケット**（一九〇六―八九） フランスの劇作家、小説家、詩人。アイルランド出身。英語とフランス語で執筆した。二十世紀を代表する不条理作家であり、小説家である。ノーベ

ル賞受賞。代表作の『ゴドーを待ちながら』は初演以来、今日まで世界中で上演され続けており、「冥の会」では一九七三年に観世寿夫のウラジミール、野村万之丞（現萬）のエストラゴンで上演した。

＊4　**ポール・クローデル**（一八六八―一九五五）　フランスの劇作家、詩人。姉の彫刻家カミーユ・クローデルの影響でジャポニズムに深い興味を持つ。駐日フランス大使として一九二一―二七年日本滞在。能をはじめ日本の古典芸能を理解し、影響を受けた。代表作に『繻子の靴』がある。日本印象記、芸能論として『朝日の中の黒い鳥』がある。

＊5　**天岩戸隠れ**　太陽神である天照大神は弟の須佐之男命の狼藉により、天岩戸に隠れたので世界は闇になり様々な禍が起きる。八百万の神々が談合し、岩戸の前に桶を伏せて舞台を作り、天宇受売命《あめのうずめのみこと》がその舞台を踏み鳴らし、神憑りして胸をさらけ出し、裳の紐を陰部までおし下げて踊った。神々の笑いさざめく声に不審した天照大神が岩戸を少し開けて覗くところを、手力雄の命が天照大神の手を取って引き出し、光が戻ってくるという『古事記』にある神話。

＊6　**天宇受売命**　天岩戸隠れの神話に登場するように芸能の始まりの神であり、俳優《わざおぎ》の始祖ともされる。わざおぎは神の隠れた真意「わざ」を招き明らかにする者。天尊降臨の折に、邇邇芸命《ににぎのみこと》の命につき従い、国つ神の猿田彦と夫婦になり芸能に携わる猿女の始祖となったといわれる。

＊7　**天若日子**　出雲の国譲りの際高天原から第二の使者として派遣された神。弓矢を授かって地上に降りたが、大国主命の女の下照比売と結婚して八年間復命を怠った。雉がその理由を問うために派遣されたが射殺してしまい、矢は高天原に達したのちさらに地上に投げ返され、その矢に当たって死ぬ。天若日子の葬送儀礼が八日八夜《やかやよ》をもちて遊びき、とある。魂を呼び戻すための歌舞音曲の芸能の始まりの神話でもある。

＊8　**火照命**《ほでりのみこと》　邇邇芸命と国つ神の娘木花之佐久夜毘売《このはなさくやひめ》との間に生まれた三人の子の第一子。海で魚をとるのを得意とし海幸ともよばれ、弟の火遠理命《ほおりのみこと》（山幸）と道具をとりかえた話話が海

兄が弟に服従の証として見せる俳優《わざおぎ》*10（この言葉は『古事記』ではなく『日本書紀』の神代紀の一書による）の始まりの物語。この二つです。

先ずは「天の岩戸隠れ」です。これは最もよく知られた物語であり、芸能の始まり、神楽の始まりの物語であり、神話のもつ根源的な世界に根差しています。この神話は日本だけではなくギリシャ神話をはじめ世界の神話と共通する多くの要素を持っています。そして本書の対話の中に出てくる、能・狂言の根本芸であり、「能にして能にあらず」と呼ばれる『翁』の世界と重なり合います。翁は太陽神である天照大御神の化身ともいわれるのです。

「天の岩戸隠れ」の神話は冬至の太陽の衰弱と再生への祈りだといわれます。冬至とは日照時間が一番短く、それは太陽の衰弱と死を意味します。やがて日照時間が延びて太陽は再生をしていきます。古代中国では冬至の翌日から一年が始まりました。死と再生のターニングポイントである冬至の祭りは世界中にあります。それは宮中の鎮魂祭《みたましずめのまつり》から西洋のハロウィンにまで刻印されています。鎮魂祭は新嘗祭《にいなめさい》の前日の儀礼であり、天皇（または皇后、皇太子）の遊離しようとする魂を体内におさめる鎮魂《みたましずめ》と、魂の活動を強める魂振《たまふり》の二つの要素をもつ祭を行います。冬至の時期に催行される新嘗祭はその年の新穀を神と共食するという、宮中で最も重要視される儀礼です。新嘗祭に臨む天皇の霊を活性化するためのものであり、宇気槽《うきぶね》と呼ばれる盥《たらい》状の大きな桶を伏せ、その上に女官（天宇受売命の末裔である猿女《さるめ》の流れを汲む）が乗って、鉾で宇気槽の底板を十回つく行為をします。まさに『古事記』の逆さにした桶を踏み轟かすと同じ行為が模倣されているのです。さらにそのあとの儀礼として天皇の衣の入った箱を十回振り揺する行為が行われます。これが魂振なのです。このように、鎮魂と、魂振が組み合わされているのが鎮魂祭であり、「岩戸隠れ」の神話と響きあう形で儀礼化されています。

芸能はその源において、鎮魂の行為と再生への祈り、喜びを表現するのです。その意味でもこの「岩戸隠れ」の神話は実に根源的であり、演劇的です。

能・狂言という伝統芸能は祝言と鎮魂をその根本において司るといわれます。その芸能という言葉の源は芸（旧字藝）と能からなります。中世の芸能というと、今のように芸能人という狭い世界ではなく、歴史学者の網野善彦[*11]が強調したように、医者、学者、博打、遊女、猿楽、

幸・山幸の兄弟の争いの物語である。隼人の祖とされ、隼人族が大和朝廷につかえる起源をものがたるものであり、服従儀礼としての芸能の起源がこの神話である。

＊9 （前々頁）**火遠理命** 兄から借りた釣針を返すために竜宮に行った弟の火遠理命は釣針と竜宮の神の娘豊玉毘売を得、さらに兄を懲らしめるための塩満珠《しおみつたま》と塩乾珠《しおふるたま》という潮を自在に操れる二つの玉を得る。火照命は竜宮から帰って兄を溺れさせ服従させる。その時の溺れる様を踊りにしたものが隼人舞だといわれる。

＊10 **俳優** 大和言葉のわざおぎは身ぶり動作により神や神意を招くこと。漢字の俳は大和言葉ではおかしと読み、二人の人間が向かい合って掛け合う喜劇的な演技をいい、優はうれいの人であり葬送の泣き女、または悲劇的な演技をする者である。天岩屋戸の前で行なった天宇受売命の舞踊や、海幸・山幸の神話の服従の芸能を俳優すると記されている。

＊11 **網野善彦**（一九二八—二〇〇四） 歴史学者。中世日本史専攻。日本常民文化研究所、神奈

田楽、等々、実に多彩だったのです。白川静*12によると芸の旧字藝は金文（中国の古代文字で青銅器に刻まれた文字）では両手で苗を植える文字であり、愛しんで育てるという語源が見て取れます。能は能力に優れている、ということであり一芸に秀でることなのです。

祝言とは国土安全、天下泰平、五穀豊穣への切なる祈りです。祝の文字は示＋兄であり、示は祭卓、兄は、聖なる祈りの言葉を入れた器の𠙵《さい》を戴く人の形であり、来たるべき幸を願い、めでたい言葉をのべることです。これまた共同体の切実な祈りであり、「翁」「三番三」の世界にほかなりません。

第二の『古事記』の芸能の始まりの物語は、天若日子の葬送のため八日八夜《やかやよ》鎮魂の歌舞を尽くしたことです。葬送のために歌と舞が尽くされ、その人間の業績を讃え悼む「誄《るい》（しのびごと）」が語られるのです。鎮の旧字は金偏と真の旁からなり、真の旧字は眞であり、金文では匕（か）＋県（けん）で、匕は化の元の字形で死者のこと。県も首が逆さまになり不遇の死を遂げた存在です。彼らはそのままだと怨霊になる恐れがあるので鎮められなければならないのです。ではどうして眞という文字が永遠普遍の真実、真理を意味するようになったのか。死はその人間にこれ以上何もつけ加えることが出来ません。棺の蓋をしてその人間の真価が決まる。そこから普遍の真実の意味が生まれました。

能という芸能は死者がこの世に立ち帰って、自らの果たせなかった夢を語り、死というフィルターを通して生を見直すという、鎮魂のドラマなのです。

第三が海幸彦、山幸彦の兄弟の争いと、兄海幸彦が弟山幸彦に服従の証として見せる俳優《わざおぎ》の始まりについての神話です。俳優の俳という漢字は白川静『字通』によれば、たわむれる・わざおぎと訓じます。このように俳という漢字には人が向き合って対話し演技するという、つまり太夫と才蔵がかけあう芸態のことなのです。この俳を大和言葉のおかしと訓読みし、狂言と狂言の役者の呼称となりました。

世阿弥は狂言の理想を『習道書』のなかに「そもそもをかし（狂言役者）といっぱ、かならず数人（観衆）笑ひどめく事、職（俗）なる風体なるべし。笑みのうちに楽しみを含むといふ、これは面白く嬉しき感心（感動）なり。この心に和合して、見所人（観客）の笑みをなし、一興を催さば、面白く、幽玄の上階（上類とも、高尚の意味）のをかしなるべし」と書きました。この言葉は現在も多くの優れた狂言師が、理想とする芸境として度々引用されます。実に古典芸能としての狂言の品格を十全に表した名言です。しかしこの引用の冒頭を見ればわかるように、

川短期大学教授。農民のみではなく中世の職人や芸能民を含めて見直した。『無縁・公界・楽――日本中世の自由と平和』をはじめ旺盛な執筆活動をした。『網野善彦著作集』全一八巻＋別巻、岩波書店刊行。

＊12　**白川静**（一九一〇―二〇〇六）　漢字学者。中国古代文学を漢字の語源研究を通じて民俗学的に明らかにし、同時に日本古代文学との優れた比較研究を行なった。ライフワークとして、漢字の辞書『字統』『字訓』『字通』がある。

そうでない狂言が多かったことも逆に照らし出しています。この章段の最後にも「をかしなればとて、さのみに卑しき言葉、風体、ゆめゆめあるべからず。心得べし。」と書いているからです。これがさらに中世の和歌、連歌に対し、近世のかるみ、おかしみの俳諧、俳句というジャンルの名称になります。

優は喪に服して泣き憂う人の姿。すなわち泣き女のことです。俳は喜劇を演じ、優は悲劇を演じる役者なのです。これを「わざおぎ」と大和言葉では言います。わざという大和言葉は隠れたあるいは隠された神の意志、意味、それを招《お》ぐ――まねくこと、わざおぎ、すなわち俳優の仕事なのです。演劇人にとっては根源的な言葉であり、『古事記』に遡ってみることでその根源の意味が開示されます。

三　能・狂言の歴史

散楽から猿楽へ

能と狂言が形成された歴史も振り返り、現在に如何に繋がってきたか見ておきます。古代に先進国中国から渡ってきた散楽と呼ばれる滑稽な寸劇や、アクロバットや奇術などの雑芸が、日本で伝習され猿楽と呼ばれるようになりました。平安時代、紫式部の時代には「猿楽ごと《さるごう》」といえば滑稽なことを意味していました。

能・狂言が大成された中世という時代は、その王朝文化が衰退し、新興の武士の時代が始まります。まず平家が権力の頂点にのぼり、貴族化し、それが源頼朝によって滅ぼされました。源氏も三代で滅び、北条一族がその後を支えますが、元弘三年（一三三三年）鎌倉幕府は滅ぼされ、暦応元年（一三三八年）に足利尊氏によって、室町幕府が創始されます。

観阿弥と世阿弥

この鎌倉幕府が滅ぼされた年に観阿弥は生まれました。

こうした変転する歴史の変動の中で、平家一門の興隆と没落を描いた叙事詩が『平家物語』です。この『平家物語』から世阿弥の夢幻能が創られ、それ以降の芸能文化に大きく影響を与えたのです。その意味では『源氏物語』も能の題材になり、多くの芸能に影響を与えたことは同じです。しかし決定的に違うのはその享受のされ方です。『源氏物語』は宮廷の狭い世界で書き写され読まれました。それに対し『平家物語』は琵琶法師が市井で語り歩きました。勿論高貴な人々にも招かれ語りましたが、絵巻「一遍聖絵」に活き活きと描かれている琵琶法師のように大道で民衆・庶民のなかで語られたのです。このことに象徴されるように中世の大きな特徴は、それまで表に現れてこなかった新たな階層の武士や、都市化が進む中で現れた多彩な生業、職業をもつ人々（これがまさに百姓であり、農民だけを意味するものではないと強調したのが網野善彦でした）が経済や文化を担っていったということです。海を通しての海外との交流も盛んになりました。かつての遣隋使・遣唐使の伝統は菅原道真の時代に中断していました。しかし平清盛は宋貿易に情熱を傾け、足利義満は明との公的な貿易をはじめます。さらに応永十九年（一四一二年）には若狭に初めて南蛮船が到来します。その船には象や孔雀といった、これまで日本人が見たこともない文物や生物が搭載されていました。中世を通して先進国中国との交易再開と、西洋との出会いは、日本文化に大きな影響を与えることになりました。

こうした土壌の中で中世を代表する、そして現代まで脈々とつながる能・狂言、連歌、茶道、花道などが産みだされました。それらをつなぐものは座の芸能というべきものでした。個ではなく多彩な人たちが寄り合い、一つの世界を創っていくのです。そこでのキーワードは「一座建立」とか「一味同心」といわれる寄り合いの精神なのです。

世阿弥は『風姿花伝』に「この芸とは、衆人愛敬をもて、一座建立の寿福とせり。……中略……貴所・山寺・田舎・遠国・諸社の祭礼に至るまで、おしなべて、謗りを得ざらんを、寿福の達人の為手とは申すべきか。（能という芸能は多くの人々に愛され敬われて初めて一座としても運営がかなう。……高貴な人から田舎人、寺社の祭りに集う人々といった、あらゆる観客から非難されることなく、楽しませることのできる役者が目出度い能の達人といえる）」と書きました。この部分は世阿弥の若い頃の考えで、父観阿弥のことを念頭において書いているといわれます。観阿弥は五十一歳で亡くなりますが、最後まであらゆる人々から愛され、演技も自在であったと世阿弥自身書いています。それに比べると世阿弥の一座運営は、足利義満、義持、義教という各人各様の強い美意識をもつ三代の将軍相手に苦労をし、結果的には最晩年に佐渡に流されてしまいます。皮肉なことに世阿弥の晩年は不遇で、衆人愛敬とはいえなかったのです。しかし禅の思想を体現した芸道理論は孤高なまでの深みに至り、その能芸論の普遍性は現代に至るまで時代を超えて、世界の演劇に影響を与えています。

座の芸能

『風姿花伝』に書かれた一座建立という言葉の内実は、あらゆる階層の人々を楽しませ、共感させ、感動を与えることに主眼が置かれていています。能・狂言という演劇は今ここで集った人々と、演技者たちとの一回限りの出会いの時間なのです。

もともと座とは一堂に会した人々が円座をなして宴をもよおしたり、歌を詠んだり、共通の趣味を楽しむことから始まっています。それが中世の時代になると、組織としての座は、本所（もとは荘園の実効支配権を有した者のことでしたが、室町時代には座の支配権者をもさすようになりました）といわれる公家や寺社などの保護を受け、座役を納める代わりに種々の特権を有した商工業者や芸能者の同業者の集まりとなります。観世座、宝生座、金春座、金剛座の大和四座（喜多流は江戸時代二代将軍秀忠が贔屓にした喜多七大夫という天才的な役者が一流を認められます）という、今日までも続く能の座は、奈良の興福寺に座役として出勤する義務を持つかわりに、寺から保護されるという関係でした。その流儀が有為転変の時代を生き抜き、今日まで続いているのです。

中世は神仏習合とか本地垂迹《ほんちすいじゃく》（神々は仏菩薩が権《かり》に現れた姿―権現だという理解）という教義解釈が完成されました。神と仏は上手く棲み分けて平和共存していたのです。能の保護者であった興福寺と春日大社は古来重なり合い、習合していましたし、そこで庇護され創られていった能という芸能には、『翁』や『高砂』のように神事の祈りの系譜のものと、仏教の煩悩と救済をテーマにした能『葵上』や『定家《ていか》』のような作品の系列があるのです。

仏教徒の西行が伊勢神宮で詠んだ「何事のおはしますかは知らねどもかたじけなさに涙こぼるる」という和歌は、日本人の寛大な宗教心を体現しているといわれますが、天照大神が密教の大日如来の垂迹であり、それが翁に通じるという理解もその背後にあるのです。

西行以降の仏教は古代の貴族中心の鎮護国家の宗教から、新しい階層である武士や、都市の商業者、職人や地方の農民、漁業民に信徒を持つ、新たな宗派が生まれました。鎌倉仏教といわれる宗派です。法然の浄土宗、親鸞の浄土真宗、一遍の時宗という念仏宗の系譜、栄西・道元の禅宗、日蓮の法華宗。すべてに共通するのはそれまでのような寺を建てたり、大きな寄進をする財力がなくとも、また厳しい修行や教学を学ばなくても、貴賤、男女、貧富の差なく、往生や悟りに至れるという基本的な姿勢です。宗教にとっても中世は画期的な新時代なのです。

これらの鎌倉仏教の最後に位置する一遍の時宗は芸能に直接的な影響を与えました。平安時代中期の念仏聖空也を師と仰ぎ、欣喜愉躍念仏―踊り念仏を始めたのです。それは各地の盆踊りに芸能的につながり、一方時宗の阿弥号は芸能者の名になります。同朋衆《どうぼうしゅう》といわれ、室町将軍の側近の文化人として抱えられ活動をします。能阿弥、芸阿弥、相阿弥の三代は画家として書画の管理・鑑定、造園、連歌、茶道と多才な活躍をみせます。また能役者の観阿弥、世阿弥や田楽法師の増阿弥のように、名だたる芸能一座の役者も阿弥号を名乗りました。この時代には田楽も猿楽もそれぞれに演劇性を高め、田楽の能、猿楽の能と呼ばれるように、まとまったストーリー、構成をもった劇作品を能と名付け、競い合っていたのです。

世阿弥は観阿弥三十一歳の年に生まれました。幸いなことに能の師としての父観阿弥は優れた技量と、知性も併せ持っていました。観阿弥もいくつかの能の台本を書き、能に新しいリズムの変化にとんだ曲舞《くせまい》*13を導入し、それまでメロディ中心の謡に大きな変革をもたらしました。観阿弥は利発な鬼夜叉（世阿弥の幼名）に高度な教育を与えました。さらに能にとって画期的な足利義満との出会いがありました。それは今熊野神社で催された能の公演で（一三七四年か一三七五年）十二歳の美少年世阿弥と十七歳の若き将軍義満とが出会ったのです。以来義満は観阿弥・世阿弥親子を贔屓するようになりました。画期的なことです。義満にとって親世代が贔屓にした田楽ではなく猿楽が自分の時代にふさわしい芸能だと確信したのです。

*13 **曲舞** 観阿弥は曲舞の乙鶴からこの曲を習い、それまでの節中心の謡にリズムの面白さを取り入れた。曲舞は中世に端を発する芸能のひとつで、南北朝時代から室町時代にかけて流行した。曲舞は、ストーリーをともなう物語に節を付して伴奏をともなう歌舞であり、児舞は水干、大口、立烏帽子の服装、男舞は水干にかわって直垂を着用、男装した女性による女曲舞もあった。

世阿弥（一三六三？—一四四三？）

観阿弥の長男として生まれる。能役者、能作者であり観世座の頭領。十二歳のおり、今熊野での演能を見た、若き室町幕府三代将軍足利義満に父とともに見出され京都に進出。観阿弥の大成した能をさらに幽玄の能として完成させた。世阿弥陀仏と号した。義満が寵愛した近江猿楽の犬王道阿弥からは幽玄な舞を取り入れ、鑑賞眼が高い四代将軍義持が贔屓にする田楽の増阿弥からはその冷えさびた芸を取り入れ、物まね中心の大和猿楽の芸域を広げていった。しかし一四二九年、五代将軍義教が将軍となってからは甥の音阿弥を贔屓にする義教の弾圧を受け、嫡子十郎元雅没後、大夫を音阿弥に譲らされ、佐渡に流された。優れた能役者であり、能本作者としても今日まで上演されている多くの名作を書き残した。さらに生涯に渡って『風姿花伝』『花鏡』などの優れた芸術論を「花」という言葉をキーワードに書き残した。世阿弥が完成した複式夢幻能のドラマツルギー（劇構造）は現代の演劇に深くて大きな影響を与え、その演劇理論も同様に世界の演劇人に影響を与えている。

『風姿花伝』 世阿弥が記した能の理論書で世阿弥の残した二十一種の伝書のうち最初の作品。父観阿弥の教えを基に、能の修行法や演技、演出、歴史などについて、世阿弥自身の芸道の理解、解釈も加味している。世阿弥の能芸論の出発点。三十代から四十代にかけて増補しつつ書かれた著者。

『三道』『風姿花伝』のなかで「能の本を書くこと、この道の命なり」と書いた世阿弥が、より詳しく作劇法を書き、次男元能に相伝した。応永三十年（一四二三）奥書。その要諦として「種―題材・人物」、次に「作―構成」、最後に「書―作詞・作曲」の「三道」を挙げて具体的に論じている。

『花鏡』『風姿花伝』がおおむね父の教えが中心であるのに比して、『花鏡』には応永三十一年（一四二四）の奥書があり、世阿弥が『風姿花伝』以降、自らの体験から見出した中期から晩年の能芸論。とくに最後に置かれた「奥段」は、芸の奥義として世阿弥の芸能論の精髄と評されている。

『申楽談儀』一四三〇年、世阿弥の次男元能が父の芸談を聞き書きしてまとめた。「世子（世阿弥）六十以降申楽談儀」とあるように、世阿弥が六十歳の出家から六十八歳頃までの芸談で、影響を受けた人々、演技や音曲について、能本創りや能面など、多岐にわたり具体的に語った貴重な記録。

『習道書』観世座の頭領として、各役者が和合協力して一座成就―良い舞台を見せることが出来る―と説く。狂言の役者に向けて書かれた言葉が本書六五頁の「幽玄の上階のをかし」という言葉である。義教将軍の締め付けが始まった時期であり、一座の団結を計る目的で書かれたと考えられる。

以来世阿弥は義満とその周辺の知識人から多くを学びます。摂政をたびたび経験し、優れた文化人であった二条良基は世阿弥の美貌と才能に惚れこみ、藤若という名前を与えるほどでした。世阿弥は良基から連歌を学び、幽玄という連歌の美意識を能にも取り入れたのです。それが世阿弥晩年の芸術論集『花鏡』の「ただ美しく柔和なる体、幽玄の本体なり」という言葉に結晶するのです。まさに世阿弥は当時の最高の権力者や文化人、さらには時宗や禅宗の教えから多くを学び続け、自分の美意識を深化していったのです。

それが世阿弥作の今日まで上演され続けている能本を書かせ、複式夢幻能という独自の劇構造を完成させ、さらには能についての奥深い芸術論に結晶させました。

戦国大名と能・狂言

日本最初の歴史書と言われる『愚管抄《ぐかんしょう》』に「保元以降のことは皆乱世にて侍れば」と評したのは平安末期から鎌倉時代を生きた天台僧都慈円でした。慈円は歴史を道理の展開によって理解しようとしました。貴族の時代から武士の時代になったのは、三種の神器のうちの宝剣が平家滅亡とともに海に失われ、その宝剣に代わって、武家の政権が世を治めるようになったのだと。頼朝の鎌倉幕府をそのような道理で理解しようとしたのです。この乱世は鎌倉時代、室町時代から戦国時代まで四百年以上続きました。

この間武士は武芸を磨き、戦に臨み、一度戦に敗れたなら一族郎党、女子供まで犠牲にされる時代でした。そのような時代に能と狂言は創られました。それを自分たちの階級を代表する芸能として選んでいったのも武士でした。能を最初に支持した室町将軍足利義満が亡くなって百数十年の後、織田信長、豊臣秀吉、徳川家康の三人の天下人が三様に能狂言を愛好し、自ら演じ舞った（信長が舞ったのは幸若舞[*14]でしたが）ことは驚くべきことです。それは能が人の一生を死というフィルターを通して見直すという劇だったからであり、生死の淵を日々綱渡りすることを余儀なくされた武士は、死を見つめ、飼いならしておく必要があったからなのでしょう。

『誓願寺』という能があります。一遍上人が熊野参籠で霊夢を蒙り、六十万人決定往生《けつじょうおうじょう》の札を弘めようと誓願寺に至ると、和泉式部の化身の女が現れ、札の意味を尋ねて称名念仏を讃嘆し、寺の額を「南無阿弥陀仏」の六字名号と掛け替えるように頼みます。やがて、示現した菩薩聖衆も六字名号の額を礼拝するという時宗賛美の能です。

戦国時代の終末期に、この能の西方浄土への希求を内容とするクセ（観阿弥が導入した新しい音曲の曲舞）を謡い舞い、船中で切腹して果てた戦国大名が備中高松城主清水宗治でした。天

＊14 **幸若舞** 中世から近世にかけて武士階級に愛好された曲舞。語りと簡単な所作を伴う芸能であった。戦国末期には織田信長、豊臣秀吉、徳川家康の愛顧を受け、江戸幕府では式楽に定められ、年頭拝賀の序列は能より上位であった。織田信長が桶狭間の戦いに出陣の折に、謡い舞ったというのがこの幸若舞の『敦盛』である。現在約五十曲の詞章が残っており、語り物としての作劇法は巧みで、浄瑠璃や歌舞伎に影響を与えた。

正十年（一五八二年）六月四日のことです。中国攻めの大将羽柴秀吉が軍師黒田官兵衛の発案で行った、名高い高松城水攻めが功を奏し、清水宗治は降伏します。篭城の兵士数千人の助命と引き換えに自分の命を差しだす和議を受け入れたのです。小船に乗った宗治は秀吉から贈られた酒肴で別れの宴を行い、船中でクセを謡い舞い、「浮世をば　今こそ渡れ武士《もののふ》の　名を高松の　苔に残して」という辞世を遺し切腹を遂げたのです。これを見届けた秀吉は宗治を武士の鑑として賞賛したといいます。実は六月二日に本能寺の変で織田信長が明智光秀に殺された情報を入手していた秀吉は、この情報を敵方に隠して、この和議を実現、一気に京に戻り、山崎の戦で主君の仇光秀を討って信長の後継者の位置を固めます。

天下人となった秀吉は十年後、文禄の役（朝鮮出兵）の折に唐津の名護屋の前線基地で、能を稽古し、次々と舞います。さらに自分の業績を能に創らせ、主演します。太閤能です。能『明智討』では秀吉が光秀を討つという能を自ら演じたのです。能は見るよりは演じるほうが夢中になれます。これだけだと権力者の自己顕示に過ぎないと思われることでしょう。しかし秀吉は自らが討ち滅ぼした敵将北条を能『北条』に創らせ演じました。勝利者を演じるだけでなく、敗者の亡霊をも演じたのです。それは生と死が瞬時にして入れ替わることを目の当たりにした戦国大名ならではの行為です。天下人となり全てを手に入れた秀吉の辞世の歌は「露と落ち　露と消えにし　我が身かな　難波のことは　夢のまた夢」でした。あらゆる権力も栄華も束の間の夢に過ぎないと身に沁みていたのです。

能は戦国時代に終止符を打った天下人、織田信長・豊臣秀吉・徳川家康の三人によって保護され近世に橋渡しされていきました。

織田信長にさかのぼると、よく知られているのは桶狭間の戦いに臨んで幸若舞『敦盛』の一節を謡い舞って出陣したことです。「人間五十年、下天《げてん》（仏教の六欲天の最下層の世のことで、ここでの一日は人の世の五十年に相当し、いかに人の命の儚いかを表す）のうちをくらぶれば、夢幻の如くなり。一度生を享け、滅せぬもののあるべきか」という詞章です。永禄三年（一五六〇）五月十九日、圧倒的多数の今川軍を少数の兵で急襲し、今川義元を討ち取りました。まさに決死の覚悟に相応しい曲です。幸若舞は前にも書きましたように観阿弥が能に取り入れた曲舞の一種で、能と同じように武士に愛好されました。信長は能では丹波猿楽[*15]の梅若[*16]を贔屓にしたといます。天正十年（一五八二）六月二日の本能寺の変の直前の五月十九日には、安土の能舞台で幸若舞と梅若の能を上演して徳川家康を饗応しています。そのあと、わずかの近臣と堺見物をし

---

*15 **丹波猿楽**　中世に京都北部の丹波国に本拠地を持つ猿楽の座で、亀岡市矢田の矢田座、綾部市大島の梅若座、本拠地不明とされる日吉座などがあった。観世座京都進出により衰退、豊臣秀吉の意向で大和四座に吸収された。

*16 **梅若**　丹波猿楽の一座で梅若六郎家の系譜によると、始祖を奈良時代の橘諸兄とし、その十世の孫・友時は梅津を姓としたが、友時から二十八世の梅津景久が禁裏で若年ながら『芦刈』を見事に勤め、後土御門天皇から若の字を賜り梅若と称するようになったという。しかしこれは史実とは折り合わないとされる。現在は梅若家五十六世で二〇一八年より二世玄祥から四世実を襲名。

ていた家康は、本能寺の変を聞き、自らの死を覚悟したほどでした。しかし命からがら伊賀の山越えをして伊勢から海路三河に戻り、生き延びました。このとき秀吉は高松城主清水宗治の『誓願寺』のクセ舞と切腹を見届け、中国から大返しをして明智光秀を討つのです。

三者三様にまさに死と直面していたのです。これが戦国武将の宿命です。だからこそ三人の天下人ばかりでなく他の名だたる戦国大名が、死を直視した能という芸能を愛好し、自ら舞ったのです。

秀吉は大和四座に配当米を与えることを始めます。その頃に途絶えていた興福寺の薪能への大和四座の参勤を復興しました。これらは能の歴史にとって画期的なことでした。

徳川家康は幼少の頃から観世流と深い縁がありました。世阿弥の息子元雅が不遇のうちに客死し、その遺児十郎とその息子の代で世阿弥の直系は途絶えていました。それを世阿弥の甥音阿弥からの系譜の六世観世大夫広元が次男に再興させ三世十郎大夫を名乗らせました。この十郎大夫は駿河の今川氏に保護されていて、家康が幼くして駿河の今川の人質であった頃から家康の能の師だったのです。十郎太夫は元雅以来伝えられてきた『風姿花伝』『申楽談儀』などの世阿弥の貴重な伝書を家康に献上していたのです。この縁から、家康は若い頃から年頭には能の謡をうたう謡初《うたいぞめ》を行っていました。江戸幕府を開府してからは、能・狂言を幕府の公式の儀礼に催す芸能である式楽と定めました。秀吉の政策を受け継ぎ、大和四座の観世座を筆頭に大和四座に禄を与え保護しました。

家康が徳川幕府を開く十年前の文禄二年（一五九三）十月に当時の天下人秀吉が催した禁中での能・狂言上演のエピソードを書いておきます。秀吉も、家康も、前田利家もそれぞれ能を舞い、能の間に『耳引』という狂言を三人で競演しました。『耳引』は現在上演されている『井杭《いぐい》』だと推測されています。秀吉が井杭（居食＝居候）役、徳川家康が井杭の主人役で、利家が通りかかりの算置（占い師）役です。天下人の秀吉が、当時天下人ナンバー2の家康とナンバー3の利家を相手に、自分が透明人間になったことをよいことに家康と利家の耳を引っ張ったり、鼻を爪弾きにしたりして二人を喧嘩させるという抱腹絶倒の権力の戯れというべきドタバタ劇を演じ、興じたのです。しかしその五年後には秀吉が亡くなり、翌年には利家も死に、その翌年慶長五年（一六〇〇）関が原の戦で豊臣家は徳川に敗れ、家康の天下となったのです。皮肉なことです。

天下人にとって能・狂言はいったい何だったのでしょう。

冒頭にも書いたように能・狂言という芸能の根源は祝言と鎮魂とをつかさどるものです。なかでも能よりもはるかに長い源流を持ち、能にして能にあらずといわれる古体を残した祝禱《しゅくとう》の芸能が「翁《おきな》」と「三番三《さんばそう》（叟）」です。翁が白式尉《はくしきじょう》*17の面をかけ、天地人の拍子*18を踏み、天下泰平、

＊17　**白式尉**　『翁』でシテ方が舞台上で面箱から取り出してかける専用面。福徳に満ちた白い色をした翁面。天下泰平、国土安穏を祈る。

国土安全を祈念するのに対し、三番三は五穀豊穣をより具体的に予祝《よしゅく》する舞で、直面《ひためん》(素顔)での躍動的で生命感あふれる「揉ノ段《もみのだん》」に続き、黒色尉《こくしきじょう》の面をかけ、種卸《たねおろし》や種蒔きと呼ばれる農耕そのものを思わす型をし、寿福に満ちた音の鈴を振り鳴らし舞い祈る「鈴ノ段」になります。これは人類の根源的で普遍的な祈りなのです。このように能と狂言は『翁』という祝言の根本芸において、「翁」と「三番三」で祝言を共有し、あとはそれぞれの棲《す》み分けをします。

能は、人間にとって避けられない死の哀しみ、死せる魂を鎮め慰撫する鎮魂の演劇として、また祝言の芸能として、歌舞中心の詩劇として完成されます。

神々の由来や奇瑞を再現する脇能『高砂』や、修羅の戦に倒れた貴公子が音楽の世界への執着を語り舞を舞う修羅能『敦盛』。三番目物とか鬘物と呼ばれる、純度の高い舞の中に女の一生を凝縮した『井筒』、四番目物と呼ばれる、多様な作品群、恋の妄執に捕えられた『道成寺』(五番目物に分類されることもある)や、我が子を失い狂女となった母を描く『隅田川』さらには、劇能ともいわれる『安宅』などの能。そして最後に五番目物とか切能と呼ばれる、聖獣獅子の舞をみせる『石橋《しゃっきょう》』など、鬼、天狗、竜神などが活躍する能と、多彩な世界が展開します。江戸時代の正式な催しでは『翁』から始まり、脇能から切能まで五番の能を上演し、狂言もその間に一曲ずつ計四番上演されるのが通例となりました。

一方、狂言は対話形式で、日常生活のなかで、あるときは権力者の横暴を風刺し、あるときは人間の欲望や見栄、夫婦の諍《いさかい》といった誰もが持つ愚かしさを、笑いと共に許すおおらかな喜劇として完成しました。狂言ならではの人間観。それは流動し、時代によって変化していく表層の笑いからすくい上げられた普遍的な人間性を描き出します。狂言も脇狂言と呼ばれる福の神が現れ、人々を幸せにする秘訣を教え大笑いして去るという祝言性の高い『福の神』からはじまり、太郎冠者、大名、小名、夫婦、僧侶や山伏や閻魔といった多彩な人物が登場し、能とは違った視点で、不変の人間喜劇の原型とその変奏の諸相を、すぐれた技芸と、確固たる言葉で表現してくれるのです。このようにして能と狂言は私たちの生をトータルに描くのです。

このとき世の中は平和になりつつありました。まもなく徳川の時代になります。戦乱はなく、町人の文化が台頭してきます。武士は己の精神の拠りどころとして能・狂言を公式の芸能とします。戦乱による死に向かい合うことがなくなるぶん、その精神性を忘れないために能・狂言を式楽にしたともいえます。

とりわけ外様大名が能・狂言役者を抱え、保護し、自らも舞ったのは、武器弾薬をたくわえ強固な築城をする経費を、遊芸である能楽に消費しているという、幕府に対して恭順の意を表す、平和主義宣言でもあったのです。

＊18 （前々頁）**天地人の拍子**　『翁』のシテ方が担当し、白式尉の面を掛けた「翁」の役が三か所で小鼓の手に合わせて踏む足拍子のこと。天は舞台の目付柱に近い位置で三つ踏む天の拍子、続いて正面中央よりワキ柱よりで踏む地の拍子、最後に舞台の奥、大小前と言われる、囃子方の小鼓と大鼓の前で踏む人の拍子。それぞれ三つ踏む。

舞台作品解説（五十音順）

笠井賢一・記

■『葵上』［本文32頁］『源氏物語』の六条御息所をシテ（主役）とした能で、六条御息所の生霊が前半は源氏の正妻葵上に対し屈折した思いを見せ、後半は般若の面の悪鬼となって葵上を取り殺そうとする。人間の底知れぬ情念の深淵を描く、能の代表作の一つ。

■『芦刈』［本文115頁］　貧しさゆえに夫と離れ、都へ奉公に出た女が久し振りに故郷に里帰りをし、葦売りに身をやつした夫に再会するという、庶民の夫婦の情愛と芸尽くしの面白さの能。

■『安宅』［本文56、82頁］　加賀国安宅の関。義経主従は山伏姿に身をやつし、奥州に落ちゆく。弁慶は、義経を賎しい強力姿に変え、東大寺再建の勧進の山伏一行として関を通ろうとする。関守富樫は一行を切り殺すと迫るが、弁慶が捨て身の知勇と豪胆さで関を辛くも脱し、奥州に向かう。

劇的な起伏と緊張感に満ちた現在能。能舞台という極限まで切り詰められた空間に相応しい凝縮力の強い存在感と、ダイナミックな動きが展開し、近世の演劇歌舞伎の『勧進帳』に繋がっていく。

■『綾鼓』［本文82頁］　庭掃きの老人が、美しい女御の姿を垣間見て、恋心を抱く。女御はこれを聞き、鳴るはずのない綾の鼓を打って音がしたら恋を叶えるという。そうとは知らぬ老人は、綾の鼓を打ち精根尽きて死に、その怨霊が女御を責め立てるという能。

宝生流、金剛流、喜多流（改作復曲）にある曲で、老体の能として重く扱われる。類曲に観世流、金春流に『恋重荷』（世阿弥作）があり、鳴らない綾の鼓に代わり、持ち上げられない重荷が使われる。

■**『粟田口』**［本文152頁］　大名のあいだに道具くらべが流行し、次回は粟田口くらべがあるというので、大名は太郎冠者に命じ、都へ求めにやる。粟田口とは京都粟田口産の刀の銘なのだが、太郎冠者はそれを知らず、粟田口買おうと呼び歩く。その姿を都のすっぱが見て、自分こそ粟田口だと名のり出る。太郎冠者はだまされて、すっぱを買い取り同道する。大名は粟田口が人間と知らされて意外に思うが、粟田口の説明書とすっぱの巧みな自己紹介とがことごとく符合するので雇い入れる。名を呼ぶと機敏にかしこまって返事する気味の良さに、太刀を持たせて主従のように呼びあいながら行くうちに頃合いを見てすっぱは刀を持ち逃げしてしまう。

■**『庵の梅』**［本文113頁］　女たちが「春ごとに、春ごとに、分け行く野辺の梅が香は、つらねし袖に薫るらん。……」と謡いつつ、老尼の庵を訪ねる。

女の一人がお寮の様子を見に行くと、お寮は「梅のつぼみと君が玉章《たまずさ》は、ひらく間をこそひらく間をこそ待ちかぬれ」と小歌を歌う。それを立ち聞いた女は思わず「ヤンヤヤンヤ……」と称賛する。誰もいないと思って歌ったお寮は驚き、女たちが訪ねてきたことを知り、招き入れる。

女たちは日頃お寮に和歌を教わり、皆それぞれ梅の和歌を詠み、それを直してもらおうと短冊に記してきたのだ。最初に「そらだきの 香りに包む 庵の戸を なおさしかざす 梅の花笠」の短冊をみて、面白く上手になったと褒める。次々と女たちの和歌を読んでそれぞれに褒め、やがて女たちが持参したささえ（竹の酒器）を開いて酒宴となる。宴もたけなわとなり、女たちが次々と謡い舞う。心地よく酔ったお寮も所望されるままに舞い、皆に和歌の道を大切にといい「またこそ来ませ木のもとの、庵の梅こそ久けれ」と舞い留める。

■**『井筒』**［本文85、92頁］世阿弥作の夢幻能の完成された代表作であり、自ら「井筒、上花也」というほどの自信作であった。

諸国一見の僧が在原業平とその妻紀有常の女が住んだ跡を弔う。里女があらわれ業平の昔の物語を語る。幼馴染みが、年を経て男は女に求愛し、女も男の愛を受けいれ夫婦となった。その後、夫が愛人のもとに通っていくのを、妻は恨むどころか夫の無事を祈る歌を詠んだ。以来二人は再び仲むつまじく暮らした。女は自分がその有常の女だと明かして井筒の陰に消え失せる。所の者（間語り）から二人のことを詳しく聞いた僧は、業平の昔を夢に見ようと仮寝する。業平の形見の衣冠を身につけ有常の女の霊が現れ、業平を偲び舞を舞い、薄をかき分けて井戸の水鏡に我が身を映せば、業平の姿と重なり懐かしさは限りない。やがて、女の亡霊は夜明けに消えていく。

『井筒』の仕舞では、能の最後の部分を謡だけで舞うが、「業平の面影」というところで井戸に水鏡をするところは、井戸の作り物も薄もないので、通例は下を見込むだけで、薄をかき分ける演技はしない。

■**『伊呂波』**［本文16頁］親が子に「いろは四十八文字」を教えようとして続けて言うと、一文字ずつ教えて欲しいという。親が「い」と言うと子は「い」とくりかえさず「燈心」と答え、「い」をひけば燈心が出るからだと先走った答えをする。じれた親は小賢しい知恵を禁じ、自分の口真似をせよというと、親の言葉を鸚鵡返しに反復、親が怒って子を打ち倒すと、子も同じに親を打ち倒して……。

■**『魚説法』**［本文22頁］施主が建立した持仏堂の供養を頼みに来たが、住持は留守。出家したての新発意《しんぼち》がお経もろくに読めないのにお布施欲しさに同道、魚の名前を連ねて何とか説経するが、あまりの生臭さに施主に追い込まれ、「鯒《こち》はただ飛魚《とびうお》しょう」と逃げてゆく。

■『鵜飼』［本文73頁］　殺生を生業として生きざるを得ない庶民の嘆きと、殺生の興奮、面白さも描かれた能。

安房清澄出身の僧侶の一行が甲斐国石和に辿り着くと、鵜飼の老人に出会う。僧は老人に、殺生を生業とすることの罪深さを説き、改めるよう教化する。老人は、数年前に密漁で捕まり見せしめのために殺された鵜飼の話を語り、自分こそその鵜飼の亡者だと明かし、懺悔として鵜を使う様子を僧の眼前で再現して見せる。篝火のもと、鵜が放たれ、鮎を追い回し次々と呑む。その面白さは罪も報いも忘れさせると興じた老人は、闇の中に消えてゆく。後半、僧たちが法華経を手向けて弔っていると、地獄の鬼が現れ、かの亡者が法華経の功徳で救われたと告げる。

■『靭猿』［本文51頁］　大名は猿引の連れている猿の皮を欲しいと迫る。いざ猿を殺す段階で猿が芸をするので、その健気さに大名も貰泣きし、猿を助ける。猿引はお礼に猿を舞わせると、大名は大喜びで猿の芸の真似をして、次々と褒美を与える。

和泉流ではこの猿で初舞台を踏むことが多く「猿に始まって狐（『釣狐』）に終わる」と修行の過程を言う。

■『鸚鵡小町』［本文117頁］　「三老女」に次ぐ秘曲ともいわれる。

百歳に及ぶ老残の小野小町に、帝から哀れみの歌が下賜される。「雲の上はありし昔に変らねど見し玉簾《たまだれ》の内やゆかしき」。小町は「内ぞゆかしき」と一字をかえるだけの鸚鵡返しの返歌に、往年の才気をみせ、勅使の求めに応じて和歌の道を語り、懐旧の舞を舞うという能。

■『大江山』［本文79頁］　丹波国大江山の酒呑童子の鬼退治の能。鬼退治の勅命を受けた源頼光の一行は、山伏に扮して潜入、都からさらわれた洗濯女（アイ）の手引きで酒呑童子の隠れ家に一夜の宿を求める。酒呑童子は、比叡山を追われ、この地に隠れ住むようになったと語り、この隠れ家を他人に漏らしてくれるなと頼み込む。酒に酔った酒呑童子は上機嫌で舞い、寝所に臥す。頼光は独武者とともに斬りかかり童子の首を取って都に凱旋する。

■『**大原御幸**』［本文140頁］　源平の戦いの後、安徳帝の母、建礼門院は出家し京都の北方 大原寂光院に隠棲し、大納言の局・阿波の内侍と、天皇や平家一門の菩提を弔っている。女院と局が花を摘みに外出しているところへ、後白河院が女院を慰問しに訪れる。そこへ女院と局が山から戻り、院と久しぶりに再会し、女院たちは昔を偲んで涙する。院は「女院が生きながらにして六道輪廻を体験した」という噂の真偽を尋ね、女院は平家都落ち以後の苦しみが六道輪廻にも等しいものであったという。院は、安徳帝が壇ノ浦に入水した時の有り様を語るよう所望し、女院はその時の様子を語る。やがて、日も暮れ、院の一行は還御し、女院は見送る。

■『**翁**』［本文52頁］　能・狂言が今日の姿になる前の古態をとどめているといわれる根本芸で「能にして能にあらず」といわれる。古い芸態を残す神事の芸能で、今なおその深い祈りに支えられた様式性と生命感は祝言の根源を私たちに伝えてくれる。

神事の芸能に相応しい静寂のうちに御神体の翁面を先頭に演者たちが登場する。翁の役者が正面に出て深々と一礼、笛座の前に座す。三丁の小鼓の演奏がはじまり、翁は「とうとうたらりたらりら……」と謡い出す。千歳の颯爽たる舞につづき、舞台上で白式尉の翁面をつけ変身した翁は天下泰平・国土安穏を祈って舞い、千歳とともに翁帰りをする。

三番三が躍動的に「揉ノ段」を舞い、さらに黒色尉の面をかけ、鈴を手に五穀豊穰を願って「鈴ノ段」を舞う。

■『**姨捨**』［本文85、88、113頁］『関寺小町』『姨捨』『檜垣』の三作品は「三老女」と言われる能の最も奥深い作品群の一つで、姨捨山に一人捨てられた老女が月光のもとで浄化された舞を舞う。

前半は姨捨山の名月を訪ねてきた男に、里女（前シテ）が現れ、昔この山に捨てられて「わが心なぐさめかねつ更科や姨捨山に照る月を見て」と和歌を詠んだ所だと語り、やがて月とともに再び現れ慰めようと言い残し消え失せる。

後半は澄み渡る月光に照らされて、白衣の老女（後シテ）が現れる。老女は月を愛で、月は大勢至菩薩が仮の姿をあらわしたものだと仏説を語り、名月のもと閑寂に懐旧の舞を舞う。いつしか夜も明け、老女がただ一人山中に残される。

■『**オルフェーオ**』［本文154頁］　クラウディオ・モンテヴェルディによって作曲され一六〇七年イタリアのマントヴァ宮廷で初演された初期バロック・オペラの傑作。ギリシャ神話「オルフェーオとエウリディーチェの物語」は日本の神話の「イザナギとイザナミの物語」と共通していて、死んだ妻を冥界に訪ねて連れ帰そうとするが、結局は叶わないという物語。二〇〇七年「北とぴあ国際音楽祭」のオペラ企画として、能の演出、様式を取り入れ上演。野村四郎・笠井賢一が共同演出した。指揮寺神戸亮。最後には野村四郎の舞が作品全体へのオマージュとして捧げられた。

■『**柿山伏**』［本文158頁］　小学校六年生の教科書にも載せられている狂言。

出羽羽黒山の山伏は大峰葛城での修行を終えての帰り、空腹となった。ふと見ると畑の柿の木に見事な実が成っている。この柿を取って食べようといろいろ試みるがうまくいかない。ついに山伏は柿の木に登って柿を食べはじめる。そこへ柿主が見回りに来た。柿を盗んで食べているのに気付いた柿の主、慌てて枝陰に隠れる山伏。柿主は山伏をなぶろうと、気付かぬふりで鳥だ、猿だと言って山伏に鳴き声や、しぐさを真似させる。果てには鳶ならば飛ぶであろうと囃し立て遂に飛ばせるが、地面に落ちた山伏はしたたかに腰を打つ。介抱せよという山伏。無視して帰ろうとする柿主を山伏は数珠を押し揉んで祈り戻すが……。

■『蝸牛』［本文158頁］　長旅に疲れた羽黒山の山伏が藪の中で寝ていると、主人の命令で蝸牛（かたつむり）を捕まえに来た太郎冠者が現れる。蝸牛を見たことがない太郎冠者は、主人から聞いていた蝸牛の特徴と山伏の姿が符合するので、山伏を蝸牛と思い込む。調子のよい拍子に掛かって謡い舞いつつ連れ帰って来る。これを見た主人は驚くが、主人もついその拍子に乗って……。

■『景清』［本文80頁］　平家の名だたる武将のかつての栄光と、現在の零落の様の残酷なまでの対比と、愛する娘との今生の別れが哀切に描かれた能。

今は日向の地に盲目の琵琶法師となって平家を語り、乞食同然の生活をする平家の侍悪七兵衛景清。景清は「松門ひとり閉じて、年月を送り……」と落魄の境涯を謡う。そこに鎌倉から景清の娘人丸がはるばる訪ね来る。父はわざと知らぬ振りをしてやりすごす。しかし里人に伴われ再び現れた娘と、さすがに言葉を交わし、形見に屋島での合戦の錣引きの武勇譚を仕方で見せ、娘に死後の弔いを願い、涙ながらに別れ行く。

■小舞「景清」［本文18頁］　能『景清』による。落魄の平家の侍大将景清がはるばる訪ね来た娘に、形見に自分の武勇を語って聞かせる、その語りの後半部分からを小舞に仕立てたもの。能の仕舞も狂言の小舞もこの能の錣引きの武勇譚の件の同じ詞章を謡うが能と狂言では節扱いも型も異なる。

■『桂の短冊』［本文145、146頁］　二〇〇三年二月横浜能楽堂企画公演で上演された山本東次郎による新作狂言。

■『**金岡**』［本文145頁］　和泉流のみの現行曲で恋ゆえの狂乱を見せる狂言。

　絵師金岡の妻は、十日ばかり前に家を出たまま帰らぬ夫を心配し、探していると、洛外を物狂いとなってさまよい、子どもたちに笑われて心を乱して、恋の小歌を謡い泣く夫を見つける。訳を聞くと先日御殿に行った折、絵を描いてくれとせがまれた女中のにっこりと笑う顔の美しさが忘れられないというのだ。妻は腹を立て、女の顔は化粧でかわるものだ、あなたは絵師なのだから自分の顔を絵筆で化粧して美しくしてくれと言うので、金岡も筆を執るが、容姿の悪い妻の顔に絵筆を走らせても狐が化けたようになって、絵筆を捨てて妻から逃げる。妻は怒って夫を追い込む。

■『**鉄輪**』［本文127頁］　夫に捨てられた妻が夫と新妻を呪い殺そうと、貴船神社に願掛けの丑の刻詣りをするが、安倍晴明の祈りに退散させられるという能。

　丑の刻詣りを続ける女（前シテ）はある夜、社人（アイ）から、全身を真っ赤に彩り、頭に鉄輪を載せてその三本足に火を灯せば鬼となれるという告げを受け、たちまち異形の姿に変じて失せる。一方、その女の夫（ワキツレ）は最近夢見が悪いので、陰陽師安倍晴明（ワキ）に占って貰ったところ、今夜にも前妻の呪いによって絶命するという。晴明は夫と新妻の人形を作り、呪いを人形に転じ換えようと祈禱をする。そこへ鬼と化した前妻（後シテ）が現れ、人形を責めるが、晴明の祈りによって御幣に降臨した神々に責め立てられ、鬼女は退散する。

■『**金若**』［本文145頁］　二〇〇七年山本会別会で山本東次郎によって復曲初演。和泉流では『金岡』で現行曲だが、大蔵流では「虎明本」に記された『かなわか』があるが上演が途絶えていた。節付梅若六郎（現・実）。

■『**蟹山伏**』［本文16頁］　強力を従えた山伏が

大峰葛城での修行を終えて、自分の行力を自慢しながら帰途につく。江州蟹ケ沢に至ると俄かに天候が変わり異形のものが現れる。口程にもない山伏は逃げかけるが、気をとりなおし、恐々声をかける。相手が蟹の精だとわかると、強力が打って掛り、耳を挟まれてしまう。それを助けようとして山伏は祈るが一向に効果がなく、自分も耳を挟まれて……。

■『伽羅沙』［本文146頁］　一九九七年舞台生活四十五周年を迎えた梅若六郎（現・実）がサントリーホールでパイプオルガンを取り入れて上演した新作能（作・山本東次郎）。

愛妻の死を悼む細川忠興が堺のキリシタン教会で追悼ミサを行う。密かに参列していた高山右近の前へ、ガラシャの死を助けた小笠原小斎の霊が現れ、ガラシャ最期の様子を語り、ガラシャを救ってくれなかったキリシタン信仰に恨みを言って消え去る。細川家の家臣が登場し、右近に問われるままにガラシャの生涯を語る。ガラシャの霊が現れ、信仰による救いを語り、死によって得られた永遠の命を喜び、静かに舞い、やがて消えてゆく。

■『川上』［本文144頁］　座頭狂言で和泉流のみ現行であったが、一九七八年には大蔵流の茂山千之丞の台本により、翌一九七九年には山本東次郎の台本によって復曲された。

十数年前に目を患い、盲目となった吉野の男。川上の地蔵に参詣し、その利益で目が明いたという噂を聞き、男も川上の地蔵に勇んで出かける。男が参籠してしばし微睡むと霊夢を蒙り、目が覚めると目が見えるようになっている。これも地蔵のご利益と喜ぶ男。そこへ男の妻が夫を迎えに来て夫の目が明いたことを喜ぶ。しかし夫は妻とは悪縁であるから離縁するよう地蔵のお告げを承知したと知り、妻は別れないと怒る。男は仕方なく添うことにしたが、帰り道で目が見えなくなり、妻に手をひかれて帰るという、しみじみと余韻の残る作品。

■『**勧進帳**』［本文142頁］　能『安宅』をもとに創られた歌舞伎の演目で、歌舞伎十八番。松羽目物。現在の演出は九代目市川団十郎によって完成された。弁慶、義経、富樫の登場人物は能と同じだが、義経の従者が歌舞伎の方が少なく、四天王とよばれるように亀井六郎、片岡八郎、駿河次郎、常陸坊海尊の四人で、能が集団の力で押し通るという展開に対して、弁慶と義経の腹の探り合いの果てに、人情で通過を許すという側面が強い。

■『**邯鄲**』［本文89頁］　能の自由な時間・空間の処理と、場面転換の鮮やかさが発揮された作品。現実から夢へ、夢から現実へと変転が重ねられ、生の不確実性が表現されている。

悩める青年盧生（シテ）は、悟りを求めて旅立ち、途中邯鄲の里に宿り、女主人（アイ）の勧めで、悟りを得ることが出来るという「邯鄲の枕」で眠りにつく。眠るとたちまち勅使が現れ、盧生は皇帝に迎えられ、壮麗な宮殿で、栄華を極めた日々を送る。臣下が千年の寿命を保つという仙楽の酒を盧生に勧め、盃が巡る。舞童が帝の長久の栄えを願って舞い、自らもまた「楽」を舞う。舞うちにも四季折々の景色が眼前を巡るが、全ては夢の中の如くたちまち消え果てて、盧生の眠りは覚めた。宿の女主人が、枕元を扇で叩いて粟飯が炊けたと起こしたのだ。盧生は五十年の栄華も歓楽も一炊（睡）の間の夢だと悟り、心安んじて故郷へと帰っていく。

■『**砧**』［本文154頁］　一度上演が途絶え江戸時代に復曲された能であり、各流様々な演出が多い作品。野村四郎は二〇一三年に新演出により大槻能楽堂で上演した。以来これだけの作品に爪を立てた以上、従来の演出では出演しない決意をされた。

訴訟のため都に上った夫の不在を待ち続ける妻。夫の帰郷を願って砧を打つが、今年も帰らないという知らせに、失意のあまり病死する妻。夫は急ぎ故郷に戻り、妻を弔う。女の霊が憔悴した姿で現れ、夫の不実を責めるが、最後は法華経の功徳で成仏する。人間の深い痛み、喪失感を知る晩年の世阿弥ならではの恋慕と哀傷を描いた能。

■『**恋重荷**』［本文23頁］　一九六頁作品解説『綾鼓』参照。

■『**膏薬煉**』［本文37頁］　膏薬とは薬の種を油で煉って塗り薬にしたもので傷を癒すためであったり膿や毒を吸い出す効用をもつ。膏薬煉とはその独自の調合をする者。

強い引き出す力を持つと自慢の都の膏薬煉と、鎌倉の膏薬煉が街道で出会い、その奇想天外な由来と効用を互いに自慢し合う語りの面白さの前半と、それぞれの膏薬で鼻に短冊形の和紙を張り、吸い寄せる力を比べあう。

■『**小袖曽我**』［本文138頁］　曽我兄弟の仇討を題材にした能の中でも上演頻度の高い曲。

父の仇を討つべく、源頼朝公が催す富士の巻狩に参加することになった曽我十郎祐成《すけなり》、五郎時致《ときむね》の兄弟。二人は従者の団三郎と鬼王を伴い、母に別れを告げるため曽我の里を訪れる。時致は母に背き還俗したために母は会おうとしない。祐成の懸命の取り成しも叶わずあきらめ立ち去ろうとすると、さすがに母も許し別れの酒宴となる。門出の盃を酌み交わし、二人は名残りの舞を舞い、勇んで出立する。

■『**胡蝶**』［本文22頁］　胡蝶の化身の女が、自分は早春に咲く梅花に縁がないことを嘆き、僧に訴える。僧が経文を読誦していると胡蝶が現れ、その功徳によって梅の花と舞い戯れ喜びの舞を舞う。

■『**近衛殿の申状**』［本文144頁］　一九九三年国立能楽堂の研究公演として、天正狂言本に粗筋しか記されていない作品を、山本東次郎によって復曲。

近衛家領糸の庄の百姓が、庄園を管理する代官左衛門尉の非法を領主である近衛殿に訴え、代官の排斥を勝ちとるという狂言。

近衛殿の領地糸の庄では水害があったが、左衛門尉が近衛殿の仰せだと厳しく年貢を取立て、その上前を懐に入れている。百姓は近衛殿の真意であるかを確かめるために直訴する策を練る。年貢の減免を願う申状（直訴状）だけを左衛門尉に見せ、領主・近衛殿に渡すのに左衛門尉に口添えを頼む。もう一通は申状が嘘偽りのないことを誓った起請の祭文だという。実はこの文は祭文めかして左衛門尉の非道を訴えるもの。それが心配で代官は同行する。

近衛殿は申状を読み、さらに起請の祭文も読み真実を知り、左衛門尉を成敗せよと命じる。しかし「百姓の言うことばかり聴いていては庄が成り立たない」という左衛門尉の側の訴えも心に掛かりつつ、百姓の命がけで訴えた起請の祭文を反芻しながら退場する。

■『**西行桜**』［本文91頁］　老木の桜の精が閑寂な舞を舞うという、世阿弥の老体の能の到達点。

世捨人の西行（ワキ）は都西山の庵室に隠棲し、この春は思うところあって花見禁制を能力（アイ）に申し付ける。桜に魅せられた町衆たちは西行の庵に押しかけ、案内を乞う。能力が西行に花見客の到来を告げる。西行は花を愛でる人々の心を思いやり、花見客を招き入れることを能力に許す。能力は花見客を招き入れる。

夜となり一行が帰った後に、老木の桜の精が現れ、招かれざる人々の闖入を快く思わない和歌を詠んだ西行を、非情無心の桜に罪科があるはずがなく、憂しと思い、また厭わしいと思うのも人の心に宿るのだと諭す。

老木の桜の精は都の桜の名所を愛で、春宵を惜しみ閑寂な舞を舞い夜明けに消え失せる。

■「**盃**」［本文15頁］「盃に向かへば、色もなを赤くして、千歳の命を延ぶる酒と聞くものを、聞し召せや、聞し召せ、寿命久しかるべし」と祝言性を湛えた酌謡。

■『**さとり仙人**』［本文148頁］　多才であった九世三宅藤九郎作の新作狂言。一九五一年、能楽ルネッサンスの会で上演された独り狂言。

■『**実朝**』［本文154頁］　高浜虚子作の新作能で一九一九年に実朝没後七百年を記念して委嘱され『中央公論』に発表、未上演であった。一九九六年ホトトギス創刊百周年事業として、堂本正樹補綴・野村四郎の節付、シテにより上演、以後上演を重ねている。

鶴岡八幡宮を訪ねた僧の前に現れた童子が源氏の命運と、実朝の入宋の望みを語り銀杏の木のもと消え失せる。やがて銀杏の木が二つに割れて船となりそれに乗った実朝が現れ「大海の磯もとどろに寄する波われてくだけてさけてちるかも」と和歌を詠じ、銀杏の木の傍らで公暁に討たれた様を見せる。

■『**実盛**』［本文92頁］　老体の修羅能の傑作で、『頼政』『朝長』と並んで重く扱われ「三修羅」と呼ばれる。遊行上人の前に現れた斉藤別当実盛の亡霊は、老人と侮られまいと髪を黒く染め、故郷に錦を飾るべく錦の直垂を拝領して戦にのぞむが、手塚太郎に討たれたと、仕方に物語り、弔いを願って消え失せるという能。世阿弥作。

■「**三番叟**」［本文36頁］　能にして能にあらずと言われる『翁』の狂言方が受け持ち五穀豊穣を祈る舞事の名。シテ方が受け持つ天下泰平、国土安全を祈念する白式尉（白い翁）の面をかけて舞う翁の舞に続いて舞われる。大蔵流では「三番三」と書く。前半の直面（素顔）で舞う「揉ノ段」と後半の黒式尉（黒い翁）をかけて舞う「鈴ノ段」からなる。

■『**痿痺**』［本文16頁］　主人に使いを頼まれた太郎冠者は行きたくないので、しびれが切れて動けないという。主人が治るまじないをしてやろうというと、このしびれは親譲りでまじないでは治らないという。仮病と気づいた主人が、今夜伯父が振る舞いをしてくれることになっているが、別の者を連れて行こうというと、太郎冠者は自分で宣命を含めて直し、動けるという。そこで主人がならば使いに行けというと、またしびれが起きたといって主人に叱られる。

■『石橋』［本文56頁］　大陸から渡ってきた獅子舞を能『石橋』では、囃子の緊迫感と迫力、舞の豪壮さにより能ならではの到達点を創りあげた。

寂昭法師（ワキ）は、中国の清涼山に辿り着き名高い石橋を渡ろうとした。童子（前シテ）が現れ、目の前の石橋の先は文殊菩薩の浄土であり、尋常な修行者は渡れないと諭し、しばらく橋のたもとで待てと言い残して消える。

舞台正面に一畳台と牡丹が据えられる。「乱序」という緊迫感溢れる特殊な囃子で獅子（後シテ）が躍り出、法師の目の前で勇壮に舞い、文殊菩薩の霊験の世界を目の当たりにさせる。

通例『石橋』は半能形式で後半の獅子舞の部分だけを上演することが多い。なかでも一人で前シテと後シテを演じるのはかつては宗家などに限られていたという。

■歌舞伎の『石橋』［本文57頁］　歌舞伎での『石橋』の系譜の獅子舞は江戸中期に女形の舞踊劇として『枕獅子』や『執着獅子』が長唄舞踊で作られたが、その当時の振りは残っていない。今日多く上演される人気曲は『鏡獅子』と『連獅子』でともに明治になってつくられたもの。『連獅子』は能『石橋』の小書（特殊演出）からタイトルがとられていて、能と同じ姿で、白と赤の能の頭よりはるかに長い頭を父子が豪壮に振る。

■『俊成忠度』［本文51頁］　『平家物語』による修羅能。和歌の名手であり自らの和歌が勅撰和歌集に入れられることに心を残して討ち死にした平忠度。その忠度を討った岡部六弥太（ワキ）が忠度の遺品である和歌の短冊を歌人藤原俊成（ツレ）のもとに届ける。俊成が和歌を読み忠度を偲ぶ。やがて忠度（シテ）の霊が現れ和歌への執心を俊成に語り、修羅道の苦を見せる。トモは俊成の従者の役。能「忠度」の後日譚ともいえる作品。

■『鐘馗』［本文34頁］ 中国・終南山の麓に住む男が、皇帝に謁見するため都へ上ろうとすると、そこに異形の男、鐘馗の霊が現れる。自分は進士の試験に落第し、自殺した。しかし今では悪鬼を滅ぼす守護神となったと告げ、そのことを皇帝に伝えるよう頼み消え失せた。終南山の土地の者（アイ）が、鐘馗のことを詳しく語る。やがて男の前に、道教の神となった鍾馗が現れ、世を乱す悪鬼をずたずたに斬り捨てた。

■『猩々乱』［本文46頁］ 中国の揚子江のほとりに住み、酒を売る孝行息子高風のもとに妖精猩々が現れ、高風の孝行を讃え、汲めども尽きぬ酒壺を与え、波の上で舞戯れるという祝言の能『猩々』。この曲の通例の舞に替えて「乱」という特殊な舞を舞う場合を『猩々乱』と呼び独立した難易度の高い「披キ」の曲となる。舞のテンポも変幻し乱レ足や流レ足といった特殊な足遣いの所作を伴う。

■『濯ぎ川』［本文145頁］ 劇作家の飯沢匡がフランス中世のファルス（笑劇）から創り上げた新作喜劇。初演は文学座のアトリエで新劇人による。新作狂言として上演されたのは一九五三年武智鉄二演出により、聟＝茂山千五郎（四世千作）、嫁＝茂山千之丞、姑＝茂山千作（三世）で初演。

毎日、嫁と姑に追い使われる養子の男、この日も裏の川へ洗濯に行けといいつけられ、次々と蕎麦を打て、やれ水を汲めと用事を言いつけられる。男は「用事を忘れぬよう、紙に書き付けてくれ」と言うので、嫁と姑は、朝から晩までの用事のことを次々と文にしたため、聟に渡す。聟は文に書いて無いことはしなくてもよいと、約束をとりつける。洗濯物の小袖が流され、それを拾おうとした嫁が川に落ち溺れる。姑は早く嫁を助けるよう聟にいうが、聟は文には書いてないと反抗し……。

■『隅田川』［本文100頁］ 世阿弥の息子観世十郎元雅作。元雅によって物狂いの能は、親子再会で終わる物狂いの面白さを見せる曲から、悲劇として完成された。平易な詞章のうちに劇的な展開が織りなされ、子を失った母の哀しみ、痛みが永遠のものとして万人の胸を打つ。

隅田川の渡し守が旅人などを乗せて船を出そうとしている。都からさらわれた我が子を探し求め、物狂いとなった母がはるばる隅田川まで来た。その狂女が乗舟を願う。面白く狂うなら船に乗せるという渡し守を、狂女は『伊勢物語』の故事を引いて渡し守の心を動かし乗舟する。船が出る。向う岸では大念仏。渡し守は、人商人に都から誘拐されてきた子が、この地で亡くなり、その供養だと語る。舟が向う岸に着く。しかし女は動かない。その幼子こそ愛息梅若丸だったのだ。我が子の墓を前に、この土を掘り返しいま一度姿を見せて欲しいと泣き伏す母。夜更、念仏の声のうちに我が子の声が聞え、姿が現れる。追いすがる母。しかし全ては幻、東の空が白み柳の木の下の塚があるばかり。

■**『関寺小町』**［本文80頁］『姨捨』『檜垣』と並んで三老女と言われる老女物の中でも最も奥深い曲と言われる。懐旧の述懐の中に「恋しの昔や、忍ばしのいにしへの身やと、思ひし時だにも、また古言になりゆく身の、せめていまはまた、初めの老いぞ恋しき」という積み重なった老いの喪失感の底知れぬ深さゆえであろう。

七夕の祭りの日。近江国関寺の住職が稚児を伴い、近くに住み歌道を極めたという老女の庵を稚児の和歌の稽古のために訪ねる。老女が僧の問いに答え、衣通姫《そとおりひめ》のことや小町の歌の話をするので小野小町だと知れる。素性を知られた小町は往時を回想するが、今となっては歌道のみが慰みとなった百歳の姥。僧は関寺の七夕祭に誘い。小町は祭りの稚児の踊りを見ているうちに、自らも誘われるように立ちあがり、百年は花に宿った胡蝶の舞のようにはかないものであったと舞を舞い、草庵に帰っていく。

■**『卒都婆小町』**［本文100頁］　老女物を代表す

る作品で、観阿弥の作品ならではの会話の緊迫感の面白さ、物乞いの写実味、物狂い、百夜通いの物真似といった面白尽くしの能。

高野山の僧が都に向う途次、阿倍野あたりで休らう。若き日の美貌も衰え果てたと嘆きつつ老女が現れ、百年の姥となりて候、と思いを入れ、朽ちた卒塔婆に腰をかける。僧はこれを見咎め、仏法をもって教化する。老婆は間髪を入れず仏教の教えを逆手にとって見事に僧を論破する。僧は悟れる老女と礼拝をする。老婆は僧の問いに答え、小野小町のなれる果てと名乗るが、突然狂乱の態となり、百夜通いの様を見せる。小町に恋慕し、九十九夜まで通い、あと一夜を目前にして頓死した深草少将の霊が取り憑いたのだ。やがて老女は我にかえり悟りの道に入ろうと消え失せる。

■『**高砂**』［本文92頁］　世阿弥作の脇能の代表作で、延喜帝の御世の繁栄と歌道の栄えを重ねた曲。力強い型と謡による祝言の能。

九州阿蘇宮の神主友成は、都に上る途次、播州高砂の浦に立ち寄る。さらえと杉箒を手に神さびた老夫婦が現れ、松の木陰を掃き清める。友成は老翁に高砂の松の所在を問い、高砂の松と住の江の松が所を隔ててなお相生と言われる訳を問う。老翁は古今集の序を引き、自分たちも互いに高砂、住の江と別れ住みながらも心の通う夫婦だと答える。老夫婦は松のめでたさを様々に語り、自分たちはその相生の松の精だと明かし、住の江の地で待つと告げ、波の彼方に消え失せた。友成は月の出とともに高砂の浦を出帆し住の江に着く。夜更け、月は高く澄み、残雪を耀かす。老翁は住吉明神と変じて、颯爽と神舞を舞う。

■『**鷹姫**』［本文131頁］　アイルランドの詩人イェイツがその演劇の改革運動の中で能の影響を受けて書き、日本のダンサー伊藤道郎と共に上演したのが舞踊詩劇『鷹の井戸』である。そのもとには梅若実に能を習ったお雇い外国人フェノロサが書き残した能についての草稿を、イェイツの秘書をしていたエズラ・パウンドが受け取りそれをイェイツに見せた。イェイツは能にはケルト神話と同じく霊魂が主人公になっていることを知り、それに刺激されて書いた。横道萬里雄が一九四九年に『鷹の井戸』を能に翻案したのが『鷹の泉』で、喜多実により能の既存のスタイルで上演された。それをさらに大胆に改作、一九六七年に観世寿夫の節付、作舞、野村万之丞（現萬）演出で上演されたのが新作能『鷹姫』である。

　絶海の孤島に、不死の泉のあるという噂を聞き、若い英雄空賦麟がやって来る。島には長い年月不死の水を求めて得られず、今はもう老いさらばえた老人がいる。井戸を守る鷹姫の鋭い泣き声。鷹姫が泣くときは泉がわき出す予兆。老人は空賦麟に、「呪いのかからぬうちに、島を去れ」と叫ぶ。姿を現す鷹姫。老人は眠りに落ち、空賦麟は剣を抜いて立ち向かうが、ついに力つき眠りに落ちる。その時、忽然と泉に水が沸き、鷹姫はそれを汲んで舞い、姿を消す。眠り続ける空賦麟のそばに今は山の幽鬼となった老人の霊が、泉の水を求めても得られない人間の苦悩を嘆きうたう。

■**『田村』**［本文24頁］　坂上田村麻呂を主人公とする修羅能。春爛漫の清水寺を訪れた旅僧に、花守の童子（前シテ）が寺の縁起を語り、辺りの名所を教え田村堂に消える。月下に法華経を読誦する僧のもとに甲冑姿の坂上田村麻呂（後シテ）が現れ、夷敵を平らげた様を再現する。観音の仏力に祈願すると、光り輝く千手観音が現れ、千の手で矢を放ち、敵を滅ぼしたと観音を讃え消え失せる。

■**『茶子味梅』**［本文144頁］　狂言の唐人もの。箱崎に抑留されている唐人とその日本人妻の国際結婚の悲喜劇。

　夫が近頃、「日本人《にほんじん》無心《むしん》我《が》唐妻恋《とうさいれん》」、「チャサンバイ」、「キサンバイ」とわからないことを言って泣くので物知りに聞く。それは日本人は心無い、唐土の妻が恋しい、茶が飲みたい、酒が飲みたいという意味なので夫を慰めるように諭される。帰ってきた夫に酒を飲ませると上機嫌で舞を舞うが最後は「日本人無心……」と泣き、妻に追い込まれる。唐音とよばれる珍奇な中国語も笑わせる。

■『**月に憑かれたピエロ**』［本文143頁］ シェーンベルク作曲のアルベール・ジローの詩による連作歌曲集。一九一二年作曲、初演。武智鉄二演出により円形劇場で一九五五年、指揮渡辺暁雄の指揮するラモー室内楽団、ソプラノ浜田洋子がコロンビーヌ役、能の観世寿夫のアルルカン、狂言の野村万作のピエロという配役で上演された。

■「**土車**」［本文16頁］ 「一天四海波を、うち治め給えば、国も動かぬあらかねの、土の車の我らまで、道狭からぬ大君の、御影の国なるをば、ひとりせかせ給うか」。物狂いの能『土車』の狂いの部分を狂言小舞に仕立てたもの。

■『**釣狐**』［本文36頁］ 猟師の仕掛けた罠に一族をことごとく釣られた老狐が、猟師の伯父で伯蔵主という僧侶に化けて意見をし、狐釣りを止めさせようと猟師の家に向かう。道中、犬の鳴き声に驚きおびえ狼狽する。しかし猟師の家に着き説教を始める。伯蔵主は殺生の罪を戒め、玉藻の前の古物語をして狐の執心の恐ろしさを語る。猟師に罠を捨てさせ、喜び帰途につく。道の途中に好物の若鼠の油揚げが餌に付けられた罠が置いてある。たまらず杖で突っつき、餌を食おうとするが思い留まり、伯蔵主に化けた扮装を脱いで食べにこようと中入りする。猟師は伯蔵主の様子に不審を感じ、罠を見ると荒らされているので、罠を仕掛け直して待つ。老狐が現れついに罠にかかる。猟師に打ち掛かられるが間一髪、罠を外して逃げて行く。

■『**定家**』［本文85頁］ 二人の優れた歌人である式子内親王と藤原定家との恋の伝説をもとに、

恋の妄執を内面に深く切り込むように描いた三番目物、鬘物の能。金春禅竹作。

旅僧の前に現れた女（前シテ）は、僧を時雨の亭に案内し、定家と内親王の恋物語をする。定家の執心は死して後も葛となって墓に這い纏わり苦しめられていると女は訴え、救いを願って墓に消える。所の者（アイ）は二人の恋物語を僧に詳しく語る。弔う僧の前に在りし日の式子内親王（後シテ）が現れ、愛の妄執に苦しむ姿を見せる。読経の功徳に葛が解け、内親王は報恩の舞を舞うが、もとの墓に戻ると再び墓には定家葛が這い纏わり覆い尽した。

■『**天鼓**』〔本文22頁〕　妙音を発する鼓を持つ天鼓少年は、帝がその鼓を献上するよう命じるとそれを拒否し、呂水に沈め殺された。鼓はその後誰が打っても鳴らない。天鼓少年の父王伯（前シテ）が呼び出され、鼓を打てと命じられる。死を覚悟して打つと、美しく鳴り響く。帝は王伯に宝を与え、少年の遺愛の鼓を呂水のほとりに供養し、管弦講を催す。天鼓少年の霊（後シテ）が回向に感謝し、音楽の精霊となって鼓を打ち興じて舞を舞う。

■『**道灌**』〔本文146頁〕　伊勢原市市制三十年記念事業として平成十三年、当地と縁深い太田道灌の鎮魂の曲として観世清和宗家により上演された新作能（作・山本東次郎）。

降りしきる雨のなか大山で勤行をする僧の前に左衛門大夫持資（道灌）が現れる。自分には雨は吉相で数々の戦を雨によって有利に戦い、また蓑を借りようとして、里女が一枝の山吹の花に込めた「山吹の実の（蓑）一つだになきぞ悲しき」という古歌の意味がわからなかったことを恥じ、歌道に精進したことを語る。さらに自らの辞世の歌を詠じ、闇の中に消える。

翌日、僧は同じ時刻に太田道灌が討たれたことを知る。寺男から詳しく道灌の業績や人柄を、闇討ちにされた無念の最期を聞き、道灌を偲んでいると、道灌の霊が現れる。「白刃に倒れし身なれど、無私の心に修羅はなし」と語り、争いのないことを願って、兵馬を整え、城を築き、平安の間は書や歌を楽しんだと舞いつつ、大山の恵みを祈り、消え失せた。

■『**道成寺**』［本文57頁］　青年期の能の修行の総仕上げとなる能で、小鼓とシテ騎打の息詰る乱拍子から急ノ舞、鐘入り、そして鐘の中で独力による後シテへの変身と緊張感が続く。若き能役者の最大の難関である「披キ」の能。

舞台中央に大きな鐘が吊り下げられる。紀州道成寺では鐘が再興され、その供養の日。住僧が女人禁制を能力に触れさせる。美しい白拍子が現われ、供養の庭に入りたいというたっての願いに、能力は許す。白拍子は乱拍子を踏み、急ノ舞を舞い鐘に飛び入る。この事態に住僧は、その昔、熊野詣の山伏の定宿の娘が若き山伏に恋を告白、驚いた山伏は逃げ道成寺の鐘の中に隠れる。女は蛇体となって日高川を渡り、鐘に巻きついて山伏を焼き殺したと物語る。鐘が上げられ、鬼女が現われ激しく僧に立ち向かうが、ついに祈り伏せられた。

■『**東北**』［本文85頁］　三番目物とか鬘物と言われる、高貴な女性や天女などがシテとなる能で、『東北』は和泉式部をシテとした能。

藤原道長の娘上東門院が住んだ跡が今は東北院という寺となっている。訪れた旅の僧の前に現れた里人（前シテ）は上東門院に仕えた和泉式部がこの梅を植え、軒端の梅と名付け愛でたと語り、自分がこの梅の主だと言い残し、梅の木陰に消える。所の者（アイ）から和泉式部の故事を聞く僧。後半は法華経を読誦する僧の前に在りし日の姿で現れた和泉式部の霊（後シテ）は、道長殿がこの門前で法華経の譬喩品を読み上げ、式部は答えて「門の外法の車の音聞けば我も火宅を出でにけるかな」と詠み、この和歌の功徳により歌舞の菩薩となったと語る。やがて梅の香のもと和歌の徳を讃美して舞い、梅の香にまぎれ消え失せる。

■『**道明寺**』［本文36頁］　菅原氏の祖土師氏の寺であり、菅原道真の没後、天満宮が祀られ、道明寺と改称。道明寺の木患樹《もくげんじゅ》は道真が左遷される折に書いて埋めた経巻からこの木が生え、その木の実白八個で作った数珠で祈ると極楽往生が叶うという伝説がある。

能では、前半は道真の従者であった白太夫の化身が木患樹の由来を語り、後半は老神の姿を現し舞を舞い、木の実を振い落して与える所を見せる。能の仕舞も狂言の小舞もこの能の最後の部分の同じ詞章を謡うが、能と狂言では節扱いも型も異なる。

■『**融**』［本文113頁］　今や廃墟と化した六条河原院の名月のもと、融大臣の霊は往年を懐かしみ舞を舞うという、深い喪失感に彩られた能。追善の催しに上演されることが多い。

■『**巴**』［本文85頁］　『平家物語』巻九「木曾殿最後の事」による能で木曾に最後までつき従った巴御前をシテにした唯一の女修羅能。

前半、木曾から出た僧が近江の粟津の原に着くと、里の女（前シテ）が松陰に祈り涙している。女はここは義仲ゆかりの地であると、回向を願って消え失せる。所の者のアイ語りは巴が義仲と共に死ねなかった悔しさに、敵と奮戦した様を語る。後半は武者姿の巴（後シテ）が長刀を手にあらわれ、義仲から生き延びよと強く命じられ、ともに討ち死に出来ない口惜しさに、長刀を手に敵を蹴散らす様を見せ、鎧兜を脱ぎ棄て形見の小袖を身に纏い木曾へと落ちゆく。

■『**朝長**』［本文73頁］　嵯峨野清涼寺の僧で、かつては源朝長の傅《めのと》（ワキ）が弔いのために青墓の宿を訪れ、墓前に詣でる。やはり墓参に来た青墓の宿の長者（前シテ）が朝長最期の様子を物語る。平治の乱に敗れた源義朝・朝長父子は都を落ちのび自分を頼ってこの青墓まで来た。しかし朝長は戦で膝に深い傷を負い、足手纏いになると、夜半に自害して果てた、と。長者は僧を我が家に伴い帰り、従者（アイ）に僧の世話を命じた。従者もまた朝長の最期に加えて、その後野間の内海の家臣長田を頼って落ちのびた義朝も長田に闇討ちにされたと語る。やがて僧は朝長の供養のために、朝長が生前貴んだ観音懺法を読誦する。朝長の亡霊（後シテ）が現れ、世の無常を語り、自ら戦に敗れ膝に深手を負い、この地で自害したことを仕方話に物語り、供養を願って消え失せた。

■『楢山節考』［本文116頁］　深沢七郎の小説。棄老伝説をもとに書かれた小説で衝撃的な反響を呼んだ。今村昌平監督の映画は一九八三年カンヌ映画祭のグランプリを獲得。また野村万作は、能狂言の手法で舞台化し一九五七年初演。五八年ぶりに二〇一五年東京で自らの演出で再演した。

■『半蔀』［本文85頁］　『源氏物語』「夕顔」の巻による能で、能『夕顔』が主人公の夕顔の上が物の怪に襲われ急死する物語に添っているのに対し、『半蔀』では夕顔の上と光源氏とが夕顔の花を仲立ちに出会ったことで、夕顔の女と花を重ね合せ、恋の歓びが巧みに表現されている。

能の前半は花の供養をする僧の前に現れた女（前シテ）が、五条あたりに住んだ夕顔だとほのめかし消える。間語りが夕顔の女と光源氏の恋語りを物語る。後半、僧が五条あたりに来てみると、夕顔の花の咲く半蔀を押し上げて夕顔の精（後シテ）が現れ、恋のなれそめに交わした歌を懐かしみ、舞を舞う。

■『八句連歌』［本文153頁］　友人に金を貸した貸し主は催促に借り主の家に行く。居留守を使い逃げ出そうとするところを捕え、自宅に連れ帰って返済をせまるうちに、連歌をやることになる。折しも庭は桜の真盛り、まず借り主が「花盛り御免あれかし松の風」と発句をする。貸し主は「御免あれかし」が耳に障ると言いつつも「桜になせや雨の浮雲」と脇句をつける。二人は、借り主「幾たびも霞に侘《わ》びん月の暮」、貸し主「恋責めかくる入相の鐘」、借り主「鶏もせめて別れは延べて鳴け」、貸し主「人目もらすな恋の関守」、借り主「名の立つに使いなつげそ忍び妻」と貸し借りの駆け引きを巧妙に詠み込んだ句を付け合う。ついに貸し主は「あまり慕えば文をこそやれ」とひと句切りとなる八句目をつけて、借金証文を自ら持って来て、借り主に返す。借り主はやさしの人の心やなと喜び謡って帰っていった。

■『**鉢木**』［本文89頁］　鎌倉武士の気概を描いた能で、前半の深い詩情と後半の晴れやかさとが特徴の能。

大雪の夜、行き暮れた旅僧が貧家に宿を請う。家の主の常世は妻とともに粟飯を炊いて僧をもてなす。さらに常世は僧のために秘蔵の鉢植えを火にくべて暖を取ると、自分は今でこそ落ちぶれた武士だが、いざ鎌倉に大事あれば一番に馳せ参じ、命を賭して戦う覚悟だと言う。

後日、鎌倉から諸国の武士に招集がかかった。実は旅僧は最明寺入道（北条）時頼で、その言葉の真偽を確かめるべく招集をかけたのだ。言葉通り一番に駆けつけた常世を褒め、恩賞を与え、横領されていた領地を安堵する。時頼の従者（オモアイ）は時頼の家臣二階堂に命じられ、馳せ参じた常世を探しだし、時頼の前に案内する。

■「**花一時に開く**」［本文148頁］　皇太子明仁親王（今上天皇）と正田美智子（美智子皇后）の御成婚の折に高浜虚子がお祝いに書き、観世流で上演された祝言の謡。

■『**花筐**』［本文56頁］　世阿弥作の『花筐』は、『班女』と並ぶ恋故の物狂い能の名作。

■『**花子**』［本文46、80頁］　都に住む男のもとに、美濃の国野上の宿で契を交わした遊女花子が上京して来て、会いたいと度々文をよこしてくる。恐妻家の男は何とか会いに行きたいと、妻に夢見が悪いので諸国行脚に出向きたいと申し出るが、夫の側を一時も離れたくない妻は一向に許さない。妥協の挙句一夜だけ自宅の持仏堂に籠っての座禅を許される。女が見舞うと座禅が無駄になると言い含め、もし妻が見舞いに来た場合に備え、太郎冠者を身替りに座禅させ座禅衾をかぶせて、勇んで花子のもとに出向く夫。やはり見舞いに来た妻は夫の嘘と知って怒り、太郎冠者に代って夫の帰りを待ち受ける。

　そうとも知らぬ夫は、一夜の逢瀬が叶い逢引の余韻が冷めやらぬままに帰宅し、太郎冠者に、恥ずかしいからそのまま聞けと、逢引の一部始終を小歌交じりに語りで再現する。ついには座禅衾をとった妻に追い込まれる。

■**『檜垣』**［本文116、118頁］『姨捨』『関寺小町』と並んで「三老女」といわれる、能の最奥の曲。人間が避けることの出来ない「老い」の喪失感の深さを切実に描いて余すところが無い。人間にとって老いと死は避けることが出来ない。その無残さをこれほどに見据え、老いて若さを失うことによってのみ得られる、見出された時の一瞬の輝きを、舞のなかに見せる。
　肥後の国、岩戸山で修行する僧に聖水をささげる百歳に及ぶ老女。自分は『後撰集』に見える歌人・檜垣の女の霊と名乗る。彼女は、年老いて白川のほとりに住んでいた折に藤原興範に水を請われ、歌を詠んだことを語り、供養を願って消え失せた。やがて僧が白川を訪れると、女の霊が年老いた姿で現れ、消えぬ執心ゆえに今なお灼熱の釣瓶をさげて地獄で水を汲み続ける苦患の様を見せる。いまや百歳の姥となった檜垣の女は、その昔興範に乞われて舞った老いの舞さえも昔と成ってしまったと嘆きつつ舞い、僧に供養を願って消え失せる。

■**『東は東』**［本文144頁］　狂言『茶子味梅《ちゃさんばい》』を岩田豊雄（獅子文六）が脚色した戯曲。一九五四年武智鉄二の演出で茂山七五三（四世千作）、千之丞、万代峰子により上演された。

■**『比丘貞』**［本文113頁］　このあたりの者が一人息子が成人したので名を付けても貰おうと長

寿で富貴な老尼お寮を訪ねる。お寮は名付けというものは男のすることと断るが、お寮の長寿と富貴にあやかりたいという息子のたっての願いだと承知してもらう。

お寮が家で定まった名があるかと問うので、親は自分の家では代々、名の下に太郎を付けると答える。お寮は思案し、自分の住まいをお庵と人が呼ぶからと「庵太郎《あんだろう》」と名付ける。その名付けの引き出物にとお寮は米五十石を贈る。さらに別名の名乗も付けて欲しいといわれ、同様に「比丘貞」と付け、またしても祝儀にお足百貫を贈る。目出度く酒宴になり、お寮にこわれて庵太郎が舞う。目出度い折だからと親子に舞を是非と所望されたお寮は「鎌倉の女郎は……」と舞を舞い、他言するなと恥ずかしがる。望まれるままにさらに祝言の舞を舞って終わる。

■『彦市ばなし』［本文145頁］　木下順二作の民話劇。狂言でも台詞をかえないままで上演。関西では一九五五年武智鉄二演出で、東京では観世栄夫・野村万作演出で上演された。

彦市はただの釣竿を遠眼鏡と偽って、それと引き換えに竜峰山の天狗の子から、隠れ蓑を騙し取った。一方、殿様には、河童を釣ってみせると空約束して、その代償に鯨の肉と天狗の面を手に入れる。親天狗が来たら鯨の肉を出して謝り、子天狗には天狗の面をつけて脅そうという魂胆だが、失敗して子天狗に鯨も面も奪われる。隠れ蓑はなにも知らぬ妻が汚い蓑と思い燃やしてしまったが、その灰を体に塗ってみると、まだ神通力があって、姿を隠すことができる。それを利用して、盗み酒を飲み放題に飲み、酔って川の淵で寝ているところへ、子天狗が仕返しにやってくる。川の中へ入って彦市と子天狗がもみ合ってると、殿様がこれを見て河童と格闘していると思い込み、応援する。

■『武悪』［本文101頁］　異様なまでの緊張感に満ちて主人が登場してはじまる。不奉公の召使い、武悪に業を煮やした主人は、武悪を討てと太郎冠者に命じる。太郎冠者は必死で取りなすが受け入れられず、主の太刀を渡され武悪のもとに行く。何度も斬ろうとするが、同輩の情が先立ち、ついに斬ることをあきらめ逃がし、太郎冠者は主には武悪を討ったと報告。

主人は心がせいせいしたと東山に遊山に出る。そこで命が助かった礼に清水観音に詣でた武悪とバッタリ出会う。とっさに太郎冠者は武悪に幽霊になれと勧め、幽霊姿で現れる。武悪は主人の亡くなった父親を種に主人を散々に脅し……。

■『**藤戸**』〔本文82頁〕　能には珍しいほどに庶民の視点での権力批判がこめられた劇的な能。前半は理不尽に武将に息子を殺された母の怒りと嘆きをみせ、後半は殺された漁師の怨霊が武将に迫るが、回向により成仏したと消え失せる。

■『**船弁慶**』〔本文70頁〕　乱世の時代に生きた観世小次郎信光作の、世阿弥の確立した幽玄中心の曲に比して、大衆的な劇的な要素の強い作品。前半は静御前と義経の別れと舞を見せ、船出した後は平知盛の怨霊と弁慶、義経との激しい争いを見せる能の人気曲。

上方落語の『船弁慶』では、川遊びの船中の亭主が弁慶役、亭主の舟遊びを諌めに来た妻が知盛役で、『船弁慶』の後半を囃子と謡と仕方で演じる。

■『**文蔵**』〔本文84頁〕　召使いの太郎冠者が自分に許しも乞わずに何処かに行き、昨夜帰って来たと知った主人は大いに怒り、太郎冠者を折檻すべく自宅に出向く。太郎冠者が都に行ったというので都の様子聞きたさに主は許す。太郎冠者は都の伯父のもとも訪ねたというので何かご馳走になったであろうと問いただす。確かにご馳走にはなったが、何であったかは忘れたという。太郎冠者は、日頃主人が好んで物語る草子『石橋山の合戦物語』の件のなかにその名が出て来るという。そこで、主人はその食物の名を思い出させるために石橋山の合戦を語り始めた。時々は語りを止め、「……所ばし食うてあるか」と問うが、太郎冠者は違うと答えるばかり。主は段々と興が乗って語りも佳境となり……。

■『**ぼうふり**』［本文148頁］　九世三宅藤九郎（当時は野村万介）が一九二五年に書き上演した新作狂言で、強くて大きいぼうふり（ぼうふら）と、小さく弱いぼうふりとの争いを見せる人数物の狂言。一九七七年に藤九郎の長男和泉元秀の改定上演により上演される機会が増えた。一九五五年横道萬里雄の改作、演出により野村万之丞（現・萬）により上演されたことがある。

■『**枕物狂**』［本文112頁］　百歳になろうとする祖父《おおじ》が恋したという話を聞きつけ、孫がもう一人の孫を誘い様子を見に行く。

祖父は笹に枕を付けうつつなく「枕物にや狂うらん。……」と謡いながら現れる。孫が、恋をなさるると聞いたがそれはまことか、と問いかける。祖父は百歳をこえて恋などするものかと、しらを切り、恐ろしい恋の昔物語りをする。柿本の紀僧正が染殿の后への叶わぬ恋ゆえに入水し、青き鬼になって本望を遂げたように、自分もこの恋が叶わずば、溝の底へも身を投げ、青き鬼にはなれないまでも青き蛙になろうと思い定めたとあかす。「恋よ恋。我中空になすな恋。恋風がきては袂にかいもつれて、ナア、オウ、袖の重さよ、恋風は重いものかな」と小歌を謡い嘆く。その様子を見た孫に、すでに恋心が明らかになったといわれて、その恋のいきさつを語り、乙御前が恋しいと泣く。

そこに孫の一人が乙御前を連れてきてくれるので、喜びのうちに終わる。

■『**満仲**』［本文84頁］　観世流のみが曲名を『仲光』とする。他流は『満仲』。忠臣が主君の子の身代わりに我が子を犠牲にするという、近世的なドラマツルギーの能である。他流では全て『満仲』というタイトルであるが、明治十二年、初代梅若実が『仲光』として復曲上演した。

摂津国多田庄の源満仲（ツレ）は、我が子美女丸が学問をしないことに立腹、刀に手を掛け斬ろうとする。仲光（シテ）が割って入り止め美女丸を別間に逃がす。満仲は重ねて討てと催促、潔く討たれようと言う美女丸。仲光の子幸寿も主君の身替りになるという。進退窮まった仲光は我が子を討つ。そうとしらない満仲は幸寿を養子にするというが、幸寿は出家したと偽り、自らも出家を願う。そこに美女丸を保護していた比叡山の恵心僧都が現れ満仲に事の次第を語り、満仲と美女丸を和解さす。仲光は哀傷のうちに舞を舞う。

■**『身替座禅』**［本文88頁］　松羽目物といわれる歌舞伎舞踊。狂言『花子』（作品解説二一九頁）を歌舞伎に翻案した舞踊劇。明治四十三年岡村柿紅作、都に住む男山陰右京を六代目尾上菊五郎、妻を七代目坂東三津五郎、太郎冠者を初代中村吉右衛門で初演された。歌舞伎の人気曲の一つ。

■**『通盛』**［本文39頁］　阿波国鳴門で平家を弔い法華経を読誦する僧の前に、釣舟に乗った老人と女が漕ぎ寄せ、篝火を僧に貸して読経を助ける。二人は源平の戦いの折にこの浦で、戦死した通盛の跡を追い入水した小宰相局の故事を物語り、波間に消える。僧たちが弔っていると、在りし日の姿で現れた通盛と小宰相局の幽霊が現れ、合戦前夜の通盛と局との別れや、通盛の最期を再現して見せる。

■**『無明の井』**［本文154頁］　多田富雄作の新作能。心臓移植と脳死という現代的なテーマを能で表現し、平成三年、橋岡久馬のシテで初演され、その後日本各地や北アメリカで上演された。平成二十四年の多田富雄三回忌の命日に笠井賢一の新演出で、野村四郎のシテ、片山九郎右衛門のツレで上演された。

海難事故で瀕死の漁夫の心臓が移植されて、男は死に、女は生きた。その両者の抱える葛藤を「のう我は生き人か死に人か」という切実な問いかけの言葉で描く画期的な新作能。

■**『望月』**［本文101頁］　仇討ちの主筋に、盲御前の語り、羯鼓、獅子舞と芸尽しをからめて緊迫感を盛り上げた、面白づくの劇能。古来観世銕之丞家の曲だといわれる。

　近江国守山の宿の甲屋の亭主小沢刑部友房。彼は信濃国安田荘司友治の臣であったが、主君が望月秋長に討たれてからはこの地で宿を営む日々。安田友治の妻と遺児花若は望月を恐れ、流浪して、この甲屋に宿を取り、家臣友房と再会。折しも、望月は友治を討った咎故に都で詮議を受けていたが、罪も許され、故郷信濃に帰る途中、甲屋に宿を取る。友房は奇しくも主君の敵と同宿していると知り、仇討にはやる花若をなだめ、友房は策をめぐらし、花若の母を近頃はやる盲御前の姿とし、花若に手を引かせ、望月の酒席にはべらせる。

　友房は望月に酒を勧め、盲御前は曽我兄弟の仇討の物語を謡う。思わず刀に手をかけ「討とう」と叫ぶ花若。一気に緊張が高まるが、友房は是は羯鼓を打とうということだと取りなし、友房も獅子舞を舞う。獅子舞のうち、酒に酔った望月が陶然と眠る。この隙を捉え、友房は獅子頭を脱ぎ捨て、花若とともに望月を討ち果たした。

■**『求塚』**［本文73頁］　早春の生田の里。僧の一行の前に菜摘みの女たちが現れ、その中の一人が僧たちを求塚へ案内し塚の由来を語る。二人の男に思いを掛けられた菟名日処女《うなひおとめ》は一人を選びかね、川の鴛鴦を射当てた者の妻になるという。しかし二人の矢は同時に命中、自分は罪なき鳥まで殺したと悔やみ入水し、塚に葬られた。さらに二人の男も自分の塚を探し求めてやって来て刺し違えて死ぬ。それさえも私の罪だと語り、乙女は塚に消え失せる。

　やがて弔う僧たちの前に、憔悴した処女の亡霊が現れ、二人の男に責め苛まれ、鴛鴦も鉄鳥と化して頭を啄き髄を喰うという地獄の苦患を訴える。前は海、後ろは火焔に追い詰められた乙女が火宅の柱にすがると、たちまち柱は炎と化す。乙女は闇の中を塚を捜し求め、求塚の内に消え失せた。

■『**屋島**』［本文84頁］　義経をシテとし、海と陸に別れての源平屋島の激戦を描き、破格のスケールをもつ修羅能の傑作。観世流のみ『屋島』、他流は『八島』と表記。

　前半は旅の僧を前に義経の化身の漁翁が合戦の模様を語り、間語りは常の場合は屋島の合戦のよく知られた悪七兵衛景清と三保の谷のしころ引きの武勇伝を語るが、特別の時には那須与一が扇の的を射落した仕方語りに替わる。後半では在りし日の姿で現れた義経が弓を取り落してそれを名誉のために命を賭して取り返した弓流しをみせ、戦に命をたぎらせた義経の悲哀が表現される。

■『**夕顔**』［本文72頁］『源氏物語』「夕顔」の巻による能で、夕顔の上の儚い生が描かれる。旅の僧が、五条の辺りを通りかかると、あばら家から和歌を吟ずる女の声が聞こえる。ここは『源氏物語』に登場する、某の院であると教え、この地で果てた夕顔の上の故事を物語り消え失せる。僧たちが弔っていると、在りし日の姿の夕顔の上の霊が現れ、物の怪に襲われたときの恐ろしさ、心細さを述懐するが、やがて法の力により救いを得るという能。

■**能形式による『夕鶴』**［本文144頁］　一九五四年新橋演舞場で木下順二作の『夕鶴』を上演。武智鉄二演出。節付は片山博太郎（幽雪）。

■「**雪山**」［本文16頁］「春ごとに、君を祝いて若菜摘む、我が衣手に、降る雪を、払はじ払はで、そのままに受くる袖の雪、運び重ね雪山を、千代にふれと作らん、雪山を千代と作らん」。世阿弥の『五音』記載の「雪山」の上歌の一部を小舞にしたもの。

■『**義経千本桜**』［本文124頁］　人形浄瑠璃として延享四年（一七四七）竹本座で初演、近松門左衛門が薫陶した作者二代目竹田出雲、三好松洛、並木千柳による合作の時代ものの傑作。『菅原伝授手習鑑』『仮名手本忠臣蔵』と並んで三大浄瑠璃と言われ人形浄瑠璃の黄金時代を築いた。それらは歌舞伎化され今日に至るまで演出が磨き上げられ、人形浄瑠璃、歌舞伎の大きな財産として上演されつづけている。

能『船弁慶』や『維盛』『碇潜《いかりかづき》』を換骨奪胎し、実は知盛や維盛や教経が生きていたという設定でドラマ展開したうえで、最後には劇的な死を演じさせる浄瑠璃の劇作術の近世的な到達点である。

狐忠信が活躍する「川連館」(通称「四の切」)。亡き両親の狐の皮を張った初音鼓を慕い、忠信に化けて静を守ってきた狐の情愛に感じ、義経は初音鼓を与える。喜んだ狐は、その返礼に横川覚範(実は教経)はじめ敵を撃退する。階段抜けや、欄干渡りと狐らしい身軽な動きを見せる。

■『**頼政**』〔本文86頁〕 平家全盛の時代に忍従を重ね三位にまで上った源頼政。源氏一族の長老であり文武の道に優れた頼政の反平家の挙兵と敗北、自刃までを描く老体の修羅能。

宇治の里に着いた僧は土地の老人(前シテ)を呼び止め、案内を乞う。老人は次々と名所を教え、僧を平等院の扇の芝に案内し、ここが平家に叛旗を翻した源三位頼政が戦敗れ、自害した所だと語り、自分が頼政の幽霊だと名乗って消え失せる。所の者(アイ)から頼政の挙兵の動機から、戦敗れて自害するまでを聞く僧。

夜半、入道姿に甲冑を帯した頼政(後シテ)が現れ語る。宇治平等院に陣を構え、平家の追撃を断つべく宇治川に架けられた橋の中板を取り外して対峙した。平家の若武者田原又太郎忠綱が三百余騎を率いて急流を渡り切り、一気に頼政の陣営を責め立てる。頼政は頼みとする息子を討たれ「埋れ木の花咲くこともなかりしに身のなる果てはあはれなりけり」と辞世を残し、芝の上で自刃して果てた。こう語った頼政の亡霊は、僧に回向を願い、扇の芝の草陰に消え去る。後半は床几に掛かっての激しい仕方が続く。

■**『利休』**〔本文154頁〕 深瀬サキ作の新作能。二〇〇四年静岡グランシップにて初演。朝顔の精＝観世清和、利休＝野村四郎他の出演。演出笠井賢一、芸術監督土屋恵一郎。利休と、朝顔の茶会の一輪残された朝顔の精とを主人公とする能。

■**『若菜』**〔本文144頁〕 狂言。和泉流にのみあり、大蔵流では虎明本にあるが上演記録はない。一九八七年に国立能楽堂研究公演で、四世東次郎により復曲された。

　和泉流は果報者が、同朋（僧形の近侍）のかい阿弥を連れて野辺へ遊びに出る。そこに大原女たちが「春ごとに君を祝ひて若菜摘む……」と謡いながら通りかかるので、酒宴に誘い、互いに謡い舞い興じる。やがて別れていくというもの。

　東次郎の復曲は、大名がシテで太郎冠者、次郎冠者二人の召使と遊山に出でて、若菜摘む小原女と酒宴になり、次々と小謡や舞をともにし、大名も小原木を謡い舞う。やがて名残りを惜しみつつ別れていくという、早春の季節感と抒情性にあふれた作品。

野村四郎（のむら・しろう）
観世流シテ方。一九三六年生まれ。和泉流狂言方六世野村万蔵（人間国宝）の四男。三歳で『靭猿』の猿で初舞台。十五歳まで狂言の舞台に立つ。十五歳より二十五世観世元正宗家に入門、能の道に進む。観世寿夫にも師事。一九五五年『俊成忠度』で初シテ、六四年『道成寺』を披く。東京藝術大学名誉教授。芸術選奨文部大臣賞、芸術院賞、観世寿夫記念法政大学能楽賞受賞。紫綬褒章受章。日本能楽会会長。二〇一六年観世流シテ方として重要無形文化財各個認定（人間国宝）。息子に野村昌司。兄の野村萬、万作は共に和泉流狂言方として重要無形文化財各個認定（人間国宝）。著書『狂言の家に生まれた能役者』（白水社）などがある。

山本東次郎（やまもと・とうじろう）

大蔵流狂言方。一九三七年生まれ。大蔵流狂言方三世山本東次郎の長男。父に師事。五歳で『痿痺』のシテで初舞台。一九五二年「三番三」、五八年『釣狐』、七一年『花子』を披く。一九七二年四世山本東次郎を襲名。『獅子聟』を復曲。芸術選奨文部大臣賞、日本芸術院賞、観世寿夫記念法政大学能楽賞受賞。紫綬褒章受章。エクソンモービル音楽賞受賞。二〇一二年重要無形文化財各個認定（人間国宝）。日本芸術院会員。一般財団法人杉並能楽堂理事長。弟に山本則直、山本則俊がいる。著書『狂言のすすめ』『狂言のことだま』（玉川大学出版部）、『中・高校生のための狂言入門』（平凡社）などがある。

編者紹介

笠井賢一（かさい・けんいち）

1949年生。銕仙会（能・観世流）プロデューサーを経て、アトリエ花習主宰。演出家・劇作家として古典と現代を繋ぐ演劇活動を能狂言役者や現代劇の役者、邦楽、洋楽の演奏家たちと続ける。多田富雄作の新作能の演出を多数手がける。

主な演出作品に、石牟礼道子作・新作能「不知火」、多田富雄作・新作能「一石仙人」、東京芸術大学邦楽アンサンブル「竹取物語」「賢治宇宙曼荼羅」、北とぴあ国際音楽祭オペラ「オルフェーオ」、アトリエ花習公演「言葉の力——詩・歌・舞」創作能舞「三酔人夢中酔吟——李白と杜甫と白楽天」など。著作に『花供養』（編著、多田富雄・白洲正子著）など。

芸《げい》の心《こころ》　能狂言《のうきょうげん》 終《お》わりなき道《みち》

2018年12月10日　初版第1刷発行©
2019年3月10日　初版第2刷発行

著　者　野村四郎
　　　　山本東次郎
編　者　笠井賢一
発行者　藤原良雄
発行所　株式会社 藤原書店
〒162-0041　東京都新宿区早稲田鶴巻町523
電　話　03（5272）0301
FAX　03（5272）0450
振　替　00160-4-17013
info@fujiwara-shoten.co.jp

印刷・製本　中央精版印刷

落丁本・乱丁本はお取替えいたします
定価はカバーに表示してあります
Printed in Japan
ISBN978-4-86578-198-4

着ることは、〝いのち〟を纏うことである

いのちを纏《まと》う

（色・織・きものの思想）

志村ふくみ＋鶴見和子

長年〝きもの〟三昧を尽してきた社会学者と、植物染料のみを使って〝色〟の真髄を追究してきた人間国宝の染織家。植物のいのちの顕現《けんげん》としての〝色〟の思想と、魂の依代《よりしろ》としての〝きもの〟の思想とが火花を散らし、失われつつある日本のきもの文化を、最高の水準で未来に向けて拓く道を照らす。

カラー口絵八頁

四六上製　二五六頁　**二八〇〇円**

（二〇〇六年四月刊）

◇978-4-89434-509-6

「人生の達人」と「障害の鉄人」、初めて出会う

米寿快談

（俳句・短歌・いのち）

金子兜太＋鶴見和子

編集協力＝黒田杏子

反骨を貫いてきた戦後俳句界の巨星、金子兜太。脳出血で斃れてのち、短歌で思想を切り拓いてきた鶴見和子。米寿を前に初めて出会った二人が、定型詩の世界に自由闊達に遊び、語らう中で、いつしか生きることの色艶がにじみだす、円熟の対話。

口絵八頁

四六上製　二九六頁　**二八〇〇円**

（二〇〇六年五月刊）

◇978-4-89434-514-0

詩学（ポエティカ）と科学（サイエンス）の統合

新版

「内発的発展」とは何か

（新しい学問に向けて）

川勝平太＋鶴見和子

二〇〇六年に他界した国際的社会学者・鶴見和子と、その「内発的発展論」の核心を看破した歴史学者・川勝平太との、最初で最後の渾身の対話。鶴見和子の仕事の意味を振り返る、川勝平太による充実した「新版序」を付し、待望の新版刊行！

B6変上製　二五六頁　**二四〇〇円**

（二〇〇八年一一月／二〇一七年八月刊）

◇978-4-86578-134-2

〝あなたの写真は歴史なのよ〟

魂との出会い

（写真家と社会学者の対話）

大石芳野＋鶴見和子

人々の魂の奥底から湧き出るものに迫る大石作品の秘密とは？　パプア・ニューギニアから、カンボジア、沖縄、広島、ベトナム、アウシュビッツ、沖縄、広島、そしてコソボ、アフガニスタン……珠玉の作品六〇点を収録。フォトジャーナリズムの第一人者と世界的社会学者との徹底対話。

2色刷・写真集と対話

A5変上製　一九二頁　**三〇〇〇円**

（二〇〇七年一一月刊）

◇978-4-89434-601-7

『回生』に続く待望の第三歌集

歌集 花道

鶴見和子

「短歌は究極の思想表現の方法である。」――大反響を呼んだ半世紀ぶりの歌集『回生』から三年、きもの・おどりなど生涯を貫く文化的素養と、国境を越えて展開されてきた学問的蓄積が、脳出血後のリハビリテーション生活の中で見事に結びつき、美しく結晶した、待望の第三歌集。

菊上製　一三六頁　**二八〇〇円**
（二〇〇〇年二月刊）◇978-4-89434-165-4

短歌が支えた生の軌跡

歌集 回生

鶴見和子
序＝佐佐木由幾

一九九五年一二月二四日、脳出血で斃れたその夜から、半世紀ぶりに迸り出た短歌一四五首。左半身麻痺を抱えた著者の「回生」の足跡を内面から克明に描き、リハビリテーション途上にある全ての人に力を与える短歌の数々を収め、生命とは、ことばとは何かを深く問いかける伝説の書。

菊変上製　一二〇頁　**二八〇〇円**
（二〇〇一年六月刊）◇978-4-89434-239-2

最も充実をみせた最終歌集

歌集 山姥

鶴見和子
序＝鶴見俊輔　解説＝佐佐木幸綱

脳出血で斃れた瞬間に、歌が噴き上げた――片身麻痺となりながらも短歌を支えに歩んできた、鶴見和子の〝回生〟の十年。『虹』『回生』『花道』に続き、最晩年の作をまとめた最終歌集。

菊上製　三二八頁　**四六〇〇円**
（二〇〇七年一〇月刊）◇978-4-89434-582-9

限定愛蔵版　三百部限定
布クロス装貼函入豪華製本
口絵写真八頁／しおり付　八八〇〇円
（二〇〇七年一一月刊）◇978-4-89434-588-1

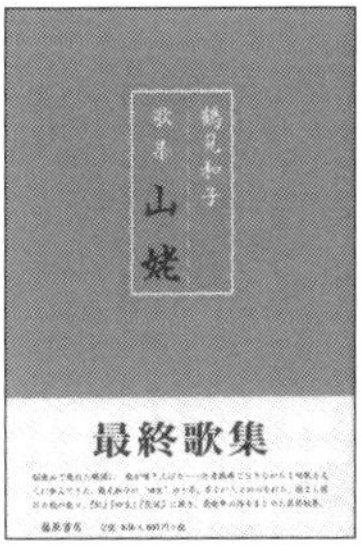

人間・鶴見和子の魅力に迫る

鶴見和子の世界

R・P・ドーア、石牟礼道子、河合隼雄、中村桂子、鶴見俊輔ほか

学問／道楽の壁を超え、国内はおろか国際的舞台でも出会う人すべてを魅了してきた鶴見和子の魅力とは何か。国内外の著名人六十三人がその謎を描き出す珠玉の鶴見和子論。〈主な執筆者〉**赤坂憲雄、宮田登、川勝平太、堤清二、大岡信、澤地久枝、道浦母都子**ほか。

四六上製函入　三六八頁　**三八〇〇円**
（一九九九年一〇月刊）◇978-4-89434-152-4

免疫学者の詩魂

多田富雄全詩集
歌占（うたうら）

多田富雄

重い障害を負った夜、私の叫びは詩になった――江藤淳、安藤元雄らと作を競った学生時代以後、免疫学の最前線で研究に邁進するなかで、幾度となく去来した詩作の軌跡と、脳梗塞で倒れて後、さらに豊かに湧き出して、声を失った生の支えとなってきた最新の作品までを網羅した初の詩集。

A5上製　一七六頁　二八〇〇円
（二〇〇四年五月刊）
◇978-4-89434-389-4

脳梗塞で倒れた後の全詩を集大成

詩集　寛容

多田富雄

「僕は、絶望はしておりません。長い闇の向こうに、何か希望が見えます。そこに寛容の世界が広がっている。予言です。」二〇〇一年に脳梗塞で倒れてのち、声を喪いながらも生還し、新作能作者として、リハビリ闘争の中心として、不随の身体を抱えて生き抜いた著者が、二〇一〇年の死に至るまで、全心身を傾注して書き継いだ詩のすべてを集成。

四六変上製　二八八頁　二八〇〇円
（二〇一一年四月刊）
◇978-4-89434-795-3

能の現代的意味とは何か

能の見える風景

多田富雄

脳梗塞で倒れてのちも、車椅子で能楽堂に通い、能の現代性を問い続ける一方、新作能作者として、『一石仙人』『望恨歌』『原爆忌』『長崎の聖母』など、能という手法でなければ描けない、筆舌に尽くせぬ惨禍を作品化する。作り手と観客の両面から能の現場にたつ著者が、なぜ今こそ能が必要とされるのかを説く。

写真多数

B6変上製　一九二頁　二二〇〇円
（二〇〇七年四月刊）
◇978-4-89434-566-9

現代的課題に斬り込んだ全作品を集大成

多田富雄新作能全集

多田富雄　笠井賢一編

免疫学の世界的権威として活躍しつつ、能の実作者としても現代的課題に次々と斬り込んだ多田富雄。現世と異界とを自在に往還する「能」でなければ描けない問題を追究した全八作品に加え、未上演の二作と小謡を収録。巻末には六作品の英訳も附した決定版。

A5上製クロス装貼函入
四三二頁　八四〇〇円
口絵一六頁
（二〇一二年四月刊）
◇978-4-89434-853-0

❸ **苦海浄土** ほか　第３部 天の魚　関連エッセイ・対談・インタビュー
「苦海浄土」三部作の完結！　解説・加藤登紀子
608 頁　**6500 円**　◇978-4-89434-384-9（2004 年 4 月刊）

❹ **椿の海の記** ほか　エッセイ 1969-1970　解説・金石範
592 頁　**6500 円**　◇978-4-89434-424-2（2004 年 11 月刊）

❺ **西南役伝説** ほか　エッセイ 1971-1972　解説・佐野眞一
544 頁　**6500 円**　◇978-4-89434-405-1（2004 年 9 月刊）

❻ **常世の樹・あやはべるの島へ** ほか　エッセイ 1973-1974　解説・今福龍太
608 頁　**8500 円**　◇978-4-89434-550-8（2006 年 12 月刊）

❼ **あやとりの記** ほか　エッセイ 1975　解説・鶴見俊輔
576 頁　**8500 円**　◇978-4-89434-440-2（2005 年 3 月刊）

❽ **おえん遊行** ほか　エッセイ 1976-1978　解説・赤坂憲雄
528 頁　**8500 円**　◇978-4-89434-432-7（2005 年 1 月刊）

❾ **十六夜橋** ほか　エッセイ 1979-1980　解説・志村ふくみ
576 頁　**8500 円**　◇978-4-89434-515-7（2006 年 5 月刊）

❿ **食べごしらえ おままごと** ほか　エッセイ 1981-1987　解説・永六輔
640 頁　**8500 円**　◇978-4-89434-496-9（2006 年 1 月刊）

⓫ **水はみどろの宮** ほか　エッセイ 1988-1993　解説・伊藤比呂美
672 頁　**8500 円**　◇978-4-89434-469-3（2005 年 8 月刊）

⓬ **天　湖** ほか　エッセイ 1994　解説・町田康
520 頁　**8500 円**　◇978-4-89434-450-1（2005 年 5 月刊）

⓭ **春の城** ほか　解説・河瀨直美
784 頁　**8500 円**　◇978-4-89434-584-3（2007 年 10 月刊）

⓮ **短篇小説・批評**　エッセイ 1995　解説・三砂ちづる
608 頁　**8500 円**　◇978-4-89434-659-8（2008 年 11 月刊）

⓯ **全詩歌句集** ほか　エッセイ 1996-1998　解説・水原紫苑
592 頁　**8500 円**　◇978-4-89434-847-9（2012 年 3 月刊）

⓰ **新作 能・狂言・歌謡** ほか　エッセイ 1999-2000　解説・土屋恵一郎
758 頁　**8500 円**　◇978-4-89434-897-4（2013 年 2 月刊）

⓱ **詩人・高群逸枝**　エッセイ 2001-2002　解説・臼井隆一郎
602 頁　**8500 円**　◇978-4-89434-857-8（2012 年 7 月刊）

別巻 **自　伝**　〔附〕未公開資料・年譜　詳伝年譜・渡辺京二
472 頁　**8500 円**　◇978-4-89434-970-4（2014 年 5 月刊）

〝鎮魂〟の文学の誕生

「石牟礼道子全集・不知火」プレ企画

不知火《しらぬひ》

〔石牟礼道子のコスモロジー〕

石牟礼道子・渡辺京二
大岡信・イリイチほか

インタビュー、新作能、童話、エッセイの他、石牟礼文学のエッセンスと、気鋭の作家らによる石牟礼論を集成し、近代日本文学史上、初めて民衆の日常的・神話的世界の美しさを描いた詩人の全体像に迫る。

菊大並製　二六四頁　二二〇〇円
（二〇〇四年二月刊）
◇978-4-89434-358-0

全三部作がこの一巻に

苦海浄土 全三部

石牟礼道子

『苦海浄土』は、「水俣病」患者への聞き書きでも、ルポルタージュでもない。患者とその家族の、そして海と土とともに生きてきた民衆の、魂の言葉を描ききった文学として、〝近代〟に突きつけられた言葉の刃である。半世紀をかけて『全集』発刊時に完結した三部作(苦海浄土／神々の村／天の魚)を全一巻で読み通せる完全版。

解説＝赤坂真理／池澤夏樹／加藤登紀子／鎌田慧／中村桂子／原田正純／渡辺京二

四六上製　一一四四頁　**四二〇〇円**
(二〇一六年八月刊)　◇978-4-86578-083-3

『苦海浄土』三部作の核心

新版 神々の村 『苦海浄土』第二部

石牟礼道子

第一部『苦海浄土』、第三部『天の魚』に続き、四十年の歳月を経て完成。

「『第二部』はいっそう深い世界へ降りてゆく。(…)作者自身の言葉を借りれば『時の流れの表に出て、しかとは自分を主張したことがないゆえに、探し出されたこともない精神の秘境』である」　**(解説＝渡辺京二氏)**

四六並製　四〇八頁　**一八〇〇円**
(二〇〇六年一〇月／二〇一四年二月刊)　◇978-4-89434-958-2

名著『苦海浄土』から最高傑作『春の城』へ！

完本 春の城

石牟礼道子

解説＝田中優子　赤坂真理　町田康　鈴木一策

四十年以上の歳月をかけて『苦海浄土 全三部』は完結した。天草生まれの著者は、十数年かけて徹底した取材調査を行い、遂に二十世紀末、『春の城』となって作品が誕生した。著者の取材紀行文やインタビュー等を収録、多彩な執筆陣による解説、詳細な地図や年表も附し、著者の最高傑作決定版を読者に贈る。［対談］鶴見和子

四六上製　九一二頁　**四六〇〇円**
(二〇一七年七月刊)　◇978-4-86578-128-1

石牟礼道子はいかにして石牟礼道子になったか？

葭《よし》の渚 石牟礼道子自伝

石牟礼道子

無限の生命を生む美しい不知火海と心優しい人々に育まれた幼年期から、農村の崩壊と近代化を目の当たりにする中で、高群逸枝と出会い、水俣病を世界史的事件ととらえ『苦海浄土』を執筆するころまでの記憶をたどる。『熊本日日新聞』大好評連載、待望の単行本化。失われゆくものを見つめながら「近代とは何か」を描き出す白眉の自伝！

四六上製　四〇〇頁　**二二〇〇円**
(二〇一四年一月刊)　◇978-4-89434-940-7